이윤경 요리

생각 한 알. 계절 한 스푼. 요리 한 그릇.

이윤경 요리

글·사진 이윤경

생각한 알。

계절 한 스푼.

요
리
한
그
릇.

작가의 말

안녕하세요. 이윤경입니다. 반갑습니다.
계절에 맞는 식재료로 요리를 해 먹는 것은 제 일상의 기쁨 중 하나입니다. 이 책을 쓰면서 각 계절마다 놓치지 않고 먹는 채소들을 다시금 면밀하게 살펴보기도 하고 한 걸음 떨어져 바라보기도 하는 시간을 가져보니, 계절과 그 계절에 따른 식재료들이 더 사랑스럽고 믿음직하게 여겨집니다.

집에서 하는 요리라는 것은 한끗 차이로 감당하느냐, 누리느냐가 결정되는 것 같습니다.

글을 쓰면서 몇 년 전 한참 요리에 취미가 생겼을 시기를 종종 떠올렸습니다. 멋진 요리를 하고 싶어서 레시피에 있는 모든 재료를 다 구비하고는 한 번 사용한 뒤 처치 곤란인 적도 있었고, 흥미가 앞서 무리하여 잔뜩 산 식재료들이 버거울 때도 있었습니다. 혹은 죽순 같은 제철 재료를 갈무리하거나 우메보시 같은 저장식을 만들 때도 감당하기 어려운 양을 준비해, 설렘으로 시작한 일이 고되고 즐겁지 않은 일이 될 때도 있었지요.

이런 시행착오를 겪으며 요리와 요리에 관련한 활동들에 대해 좀 더 가볍고 가뿐하게 생각하기로 했습니다. 그러다 보니 그 시간들을 더 좋아하게 되었고 특히 집에서 하는 요리는 점점 쉽고 단순해졌습니다. 지금도 장을 보러 가면 다양한 식재료들에 눈이 커지며 욕심이 날 때가 있지만, 규모에 맞춰 장을 보고 식재료들도 적당한 양을 갈무리하면서 일상에서 요리하는 기쁨, 먹는 기쁨을 누리고 있습니다. 몸과 마음의 상태에 맞게 요리를 하다 보니 부담이 적어졌고, 주방에서 해마다 쌓아온 작은 노하우들, 요리를 도와주는 친구들인 발효 조미료들이 더해지면서 집에서 하는 요리는 점점 더 수월해지고 즐겁다고 느끼는 요즘입니다.

레시피를 따라 한 번만 그대로 해본 다음 다시는 만들어볼 엄두가 안 나는 복잡한 요리보다 몇 번을 만들어보면서 길들여진 내 요리 한 그릇이 더 맛있습니다.
이 책에 수록된 레시피들도 소금이나 오일 등 기본 조미료들의 양을 대략적으로 표기해놓았지만 자신의 취향에 맞게 조절해 사용하기를 바랍니다. 각자 쓰는 간장이나 된장 등의 염도가 모두 다르기도 하거니와 원하는 간도 다 다르기 때문입니다. 재료도 모든 것을 꼭 구비해야 한다는 부담 없이, 좋아하거나 구하기 쉬운 식재료로 대체하여 사용해도 충분히 괜찮습니다.
이를테면 97쪽의 복숭아 보리 샐러드는, 복숭아 대신 자두로, 보리 대신 병아리콩이나 쿠스쿠스 같은 것으로 대체한다고 해도 충분히 맛있을 것입니다. 올리브오일만 적혀 있는 레시피라도 그날 고소한 기분을 더하고 싶다면 참기름을 조금 더해줘도 좋겠지요.

완벽하진 않지만, 그렇기 때문에 자유로운 나만의 요리 시간은 완성된 음식 한 그릇에 따라오는 기분 좋은 별책부록 같다고 생각합니다. 활기찬 템포로 단순하게 요리하고 맛보고 정리하며 생기는 작은 성취감과 그 안에서 솟아나는 기쁨을 많은 분들이 누리셨으면 좋겠습니다.

오늘은 어릴 때 가장 좋아했던 간장 밥을 해 먹었습니다. 따뜻한 밥에 간장을 한 바퀴 두르고 참기름을 한 바퀴 두르고 계란프라이를 비비는 그 간장 계란 밥입니다.
너무 맛있어서 놀랐어요. 그러고 보니 가끔 먹을 때마다 이렇게 맛있는데! 자주 먹지 않고 있네? 라고 생각해왔더라고요. 원고 마무리로 바빴는데 시간도 절약하고 맛있어서 뿌듯했습니다.
생각해보면 간장 계란 밥도 때론 김 가루를 추가해 먹기도 하고 깨소금을 뿌려 먹기도 하잖아요. 이보다 더 다양하게 해볼 수도 있겠지요. 이렇게 집에서 내가 해 먹는 식사만큼은 좋아하는 것 안에서 자유로운 방식으로 건강한 기쁨과 감탄하는 순간들을 마음껏 느낄 수 있으면 좋겠습니다.

단풍이 무르익은 가을에 책을 쓰기 시작하여 울창한 한여름의 중심에서 원고를 마무리하게 되었습니다. 응원해주시고 도와주신 분들, 앞으로 이 책을 만나게 될 모든 분들께 감사드립니다.

차 례

작가의 말　　　　　　　　　　　　　　　　　　　　　011

1　**아스파라거스** : 초록의 계절, 초록의 맛　　　　　　　020

　아스파라거스를 올린 올리브오일밥　　　　　　　　　026
　아스파라거스 잣 국수　　　　　　　　　　　　　　　028
　아스파라거스 햄 샌드위치　　　　　　　　　　　　　030
　아스파라거스 황태국　　　　　　　　　　　　　　　032

2　**토마토** : 이모저모 요긴한 붉은 열매의 충만한 기쁨　　034

　토마토를 먹는 세 가지 방법　　　　　　　　　　　　038
　— 소금과 함께, 완숙 토마토　　　　　　　　　　　　038
　— 무수분 토마토 사프란 소스　　　　　　　　　　　040
　— 겨울에 꺼내 먹는 여름의 맛, 말린 토마토　　　　　042
　토마토 누룽지　　　　　　　　　　　　　　　　　　044
　무수분 토마토 청국장찌개　　　　　　　　　　　　　048
　마코토 씨의 방울토마토 스파게티　　　　　　　　　　050
　토마토 참치 국수　　　　　　　　　　　　　　　　　052

3　**완두콩** : 톡톡 터지는 선명한 연둣빛의 달콤한 미소　　054

　완두콩 카펠리니　　　　　　　　　　　　　　　　　060
　완두 감자 고로케　　　　　　　　　　　　　　　　　062
　완두콩 바지락 감자 수프　　　　　　　　　　　　　064
　순두부 완두 앙가케　　　　　　　　　　　　　　　　066
　잠두콩밥　　　　　　　　　　　　　　　　　　　　068

4	**계란** : 언제 어디서 어떻게 먹어도	072
	미소 반숙란	078
	반숙 스카치 에그	080
	계란 치즈 우동	082
	계란 잔멸치 비빔면	084
	노른자 미소 절임	086
5	**복숭아** : 사랑하는 초여름의 과즙미	088
	복숭아 문어 감자 샐러드	092
	복숭아 보리 샐러드	096
	복숭아 오이 미소시루	098
6	**양배추** : 하나도 남김없이, 어느 요리에나	102
	양배추 절임(사워크라우트)	106
	소금 조물이 양배추 옛날 토스트	108
	양배추 표고버섯 닭고기 수프	110
	양배추 계란 덮밥	112
7	**무와 무청** : 부드럽게 안아주는 하얀 맛과 초록 맛	114
	무	116
	— 말린 무 밥	120
	— 간 무 덮밥	122
	— 무 수프	124
	무청	126
	— 무청 김밥	128
	— 무청 된장 숏파스타	130

| 8 | 채소 스케치 : 파프리카, 비트, 오이 | 132 |

파프리카 136
— 구운 파프리카를 더한 햄 치즈 샌드위치 138
비트 140
— 비트 토마토 샐러드 142
— 비트 채소 살사 144
오이 146
— 오이 토마토 낫토장 비빔밥 148
— 오이 비지 샌드위치 150
여름 채소 청국장 덮밥 152

| 9 | 제주도의 맛 : 할머니가 엄마에게, 엄마가 나에게 | 154 |

메밀 무 전병 158
메밀 조배기 160
제주식 독새기콩국 162

| 10 | 좋아하는 겨울 맛에 대한 단상 : 강굴, 우동, 시금치, 김, 포토푀 | 164 |

천수만 강굴 168
우동과 계란 172
시금치 : 겨울의 빛나는 초록 활기 174
— 시금치 닭가슴살 완자 계란 수프 176
— 시금치 새우 완탕 178
겨울 김 180
— 곱창김 크림치즈 토스트 182
— 연두부 김 수프 184
포토푀 186

| 11 | **밥과 국** : 완벽하지 않아도 괜찮고 완벽하지 않아도 맛있다 | **188** |

    맘 편하게 솥밥   190
    ― 솥밥 짓기   192
    ― 봄 낙지 아스파라거스 솥밥   194
    ― 암대하 솥밥   196
    ― 냉이 솥밥   198
    간단하게 국   202
    ― 바지락 오크라 미소시루   204
    ― 닭고기 냉잇국   206
    생활 육수 : 간소하게, 편안한 선에서   210

| 12 | **국수** : 간단하지만 언제나 맛있지! | **214** |

    튀긴 채소를 얹은 우동   218
    열무김치 수박 국수   220
    토마토 워터 국수   222
    우메보시 오이 메밀국수   224

| 13 | **시오코우지, 미소, 건조** : 시간을 기다린 맛 | **226** |

    시오코우지   230
    ― 시오코우지 만들기   232
    ― 양파 시오코우지 만들기   234
    ― 시오코우지 바냐카우다   236
    ― 시오코우지 두부   238
        … 시오코우지 두부 오븐 구이   240

— 시오코우지를 활용한 육류 숙성 243
　… 시오코우지 숙성 돼지 안심 채소쌈 244
　… 시오코우지 숙성 닭다리살 오븐 구이 246
　… 시오코우지 숙성 닭가슴살 마늘종 콜드 파스타 248
미소 250
— 미소 만들기 252
— 시금치 닭가슴살 미소 무침 254
건조 256
— 말린 팽이버섯 밥 258
— 말린 오이 소고기 볶음 260

14 와인과 함께 : 사랑하는 나의 마나   264

마나, mana 266
레몬 스냅피 콜드 파스타 272
죽순 카르파치오 274
한치 루콜라 샐러드 276
멸치 파이 278
사보이 양배추로 감싼 대파 토마토 밥과 라구 280
— 소고기 라구 만들기 282
주키니 초콜릿 테린 284

1
아스파라거스

: 초록의 계절, 초록의 맛

기다렸던 아스파라거스가 도착했다. 상자를 열어보니 하나하나 도톰한
초록이 빼꼼 고개를 내민다. 자신들의 계절이 찾아온 걸 어떻게
알아차렸을까. 흙에서 쭉쭉 머리를 밀어 올리며 몸통을 늘린
아스파라거스들의 대견한 모습을 보면 봄이 확실하게 느껴져 각별한
마음이 든다.

몇 년 전부터 한국에서도 품질 좋은 제철 아스파라거스의 싱그러운 맛을
느낄 수 있어 기쁘다. 게다가 좋아하는 요리 연구가인 세오 유키코의
그린 아스파라거스 찜 조리법을 접한 뒤로는 아스파라거스를 단순하게
쪄 먹을 수 있는 4월을 더욱 기다리게 되었다. 팬에 올리브오일을 두르고
중불로 달군 후 아스파라거스를 가볍게 볶다가 물을 붓고 뚜껑을 덮어
1분 정도 찐다. 그런 다음 그릇에 담아 소금과 흑후추를 뿌려 먹는 단순한
이 조리법은 내게 봄의 가장 큰 기쁨이자 호사이다. 아스파라거스는
오래 익힐 필요가 없는 재료라서, 이 방법으로 조리하면 절묘한
식감으로, 입안에 넣었을 때 1.오도독 2.츄읍 하는 수분감으로 발산되는
아스파라거스의 맛을 선명하게 느낄 수 있다. 그리고 그 맛은 감탄이 나올
만큼의 행복을 준다.

껍질이 질긴 밑동 부분은 조금 자르고 남은 줄기의 껍질을 3~4cm 정도
제거해주면 먹기가 좋은데, 이때 나온 껍질과 밑동을 모아두었다가
채수를 낼 때 사용하면 국물이 얼마나 시원한지 모른다. 아스파라거스
채수는 숙취가 있는 날 데워서 후추만 뿌려 먹어도 꽤 좋고 라면을 끓여
먹어도 최고인, 아스파라거스의 특별부록이다.
아스파라거스를 우린 채수에서 콩나물국 맛이 나서 신기했는데,
콩나물에도 함유되어 있는 아스파라긴산이 듬뿍 들어 있다는 사실까지
알고 나자 뭐랄까, 정말 신기했다. 눈에 보이지 않는 아스파라긴산이라는
성분이 입으로 읽히는 기분이랄까. 그 후에 본격적으로 아스파라거스를
넣고 황태 해장국을 끓여보았는데 이건 정말⋯ 온몸에 퍼지는
아스파라긴산이 전날 마신 술을 사르르 풀어준다. 콩나물 대신 예쁘게
올라가 있는 아스파라거스가 이국적으로 느껴져 해장국이 아니라 수프
정도로 바꿔 불러줘야 하나 싶었다.

자신의 계절을 알아차리고 세상으로 머리를 빼꼼 내미는 아스파라거스,
버리는 부분 없이 온전히 사용하고 만끽하고 싶다.

오도독- 츄읍- 하는 수분감으로 발산되는
아스파라거스의 맛

아스파라거스를 올린
올리브오일밥

올리브오일과 소금을 넣어 갓 지은 밥에 파르미지아노 레지아노 치즈를 가득 갈아 올리고 좋아하는 방법으로 조리한 아스파라거스를 소금과 흑후추를 뿌리며 층층이 쌓았다. 그리고 올리브오일과 레몬즙을 듬뿍듬뿍 뿌려준다. 탄성이 나오는 기쁜 봄의 맛! 갓 지은 밥 사이사이 올리브오일과 레몬즙과 숙성 레지아노 치즈의 아름다운 산미가 어우러져 기분 좋은 맛으로 탄생한다.

재료 (2인분)

아스파라거스 6~8개, 쌀 200g, 파르미지아노 레지아노 치즈, 레몬 1개, 올리브오일, 소금, 후추

만드는 법

① 쌀을 씻어 올리브오일 1큰술과 소금 1작은술을 넣어 밥을 짓는다.
② 완성된 밥에 파르미지아노 레지아노 치즈를 듬뿍 올린다.
③ 팬에 올리브오일을 두르고 중불로 달군 후 아스파라거스를 가볍게 볶다가 물을 붓고 뚜껑을 덮은 뒤 1분 정도 지나면 꺼낸다.
④ 밥 위에 아스파라거스를 올리고 좋아하는 올리브오일과 레몬즙을 듬뿍, 소금과 후추를 취향껏 뿌린다.

아스파라거스
잣 국수

좋은 아스파라거스는 익히지 않고 즐겨도 정말 맛있다. 감자칼로 넓게
썰어 레몬과 올리브오일만 더해도 충분해서, 많은 사람들이 조리하지
않은 아스파라거스의 진가를 알아줬으면 좋겠다고 생각할 정도다.
어느 날 감자칼이 아닌 채칼을 사용해 면처럼 만들어 얇은 소면에
곁들이면 좋을 것 같다는 생각에서 시작된 이 요리는 바질 페스토를
만드는 조합을 떠올리며 레지아노와 잣을 듬뿍 넣고 버무려 완성되었다.
소면을 삶아서 얼음물에 씻고, 아스파라거스, 소금, 후추, 올리브오일,
레몬즙, 레지아노, 잣을 가득 올려 잘 섞어준 다음 레몬 제스트를 더하면
끝인 심플한 요리이다. 아삭아삭 산뜻한 기쁨을 주는 아스파라거스
국수는 아스파라거스가 제철인 봄의 나날, 나의 가게 마나에서 가장
사랑받는 메뉴이다.

재료 (1인분)
큰 사이즈 아스파라거스 2개, 소면 50g, 올리브오일 3큰술,
파르미지아노 레지아노 치즈 30g, 레몬 1개, 잣 적당량, 소금, 후추

만드는 법
① 아스파라거스는 봉오리 쪽을 분리해 올리브오일에 구워 소금으로 간을
해둔다. 나머지 부분은 채칼로 면처럼 채 썰어 준비한다.
② 소면을 삶아 얼음물에 잘 헹군 다음 물기를 뺀다.
③ 채 썬 아스파라거스와 소면을 볼에 담고 올리브오일과 간 파르미지아노
레지아노 치즈, 레몬즙, 잣, 소금, 후추를 넣어 버무린다.
④ 레몬 제스트를 국수 위에 올린다. 잘라둔 봉오리는 구워서 곁들여도 좋다.

작은 팁
- 카펠리니 면도 잘 어울리고, 잣 대신 호두나 마카다미아를 넣어도 좋다.

아스파라거스
햄 샌드위치

역시 아스파라거스를 생으로 듬뿍 먹고 싶어 만들어본 샌드위치다.
비슷한 형태로 자른 아삭아삭한 아스파라거스와 부드러운 계란 지단,
고소한 햄, 거기에 상큼한 레몬즙이 한데 모여 발랄한 즐거움을 선사한다.

재료 (1인분)
큰 사이즈 아스파라거스 2개, 계란 2개, 식빵 2장, 슬라이스 햄 3~4장, 레몬 1개,
머스터드, 마요네즈, 소금

만드는 법
① 식빵을 오븐 토스터나 팬에 구워 한 면에는 머스터드, 다른 면에는 마요네즈를
바른다.
② 계란 지단을 부쳐 한숨 식힌 뒤 채 썰고, 아스파라거스도 필러로 도톰하게
포 뜬 뒤 채 썬다.
③ 슬라이스 햄도 엇비슷하게 채 썬 다음 모두 볼에 담아 레몬즙과 소금으로
버무린다.
④ 식빵 사이에 가득 넣어 먹는다.

작은 팁
- 식빵은 취향에 따라 굽기를 달리하거나 굽지 않아도 좋다.
- 구운 견과류를 부숴 넣거나 깨를 넣어도 잘 어울린다.

아스파라거스
황태국

아스파라긴산 성분이 들어 있어 해장에 아주 좋은 아스파라거스를 콩나물 대신 듬뿍 넣어 황태국을 끓여보았다. 시원한 아스파라거스 국물을 잔뜩 머금은 황태도 별미. 계란도 수란으로 살포시 올려 단백질까지 챙긴 훌륭한 해장 수프이다.

재료 (1인분)

큰 사이즈 아스파라거스 2개, 황태 몸통 1/2개, 멸치 육수 500ml, 계란 1개, 참기름, 대파, 마늘, 소금, 액젓

만드는 법

① 황태를 흐르는 물에 씻은 뒤 물기를 짜고 껍질을 벗긴 다음 한입 크기로 자른다.
② 냄비에 참기름을 둘러 어슷 썬 마늘과 파를 볶다가 멸치 육수와 황태를 넣고, 끓어오르면 중약불로 줄여 5분 정도 더 끓인다.
③ 아스파라거스를 넣고 계란도 한 알 조심스럽게 흘려 넣어준 뒤 3분 정도 더 익힌다.
④ 소금으로 간하고 까나리 액젓이나 꽃게 액젓을 반 큰술 정도 넣어 감칠맛을 입힌다.

2
토마토

: 이모저모 요긴한
붉은 열매의 충만한 기쁨

줄기에 달린 채로 충분히 익힌 뒤 수확한 토마토와 유통과정을 고려해
이르게 수확하여 겉만 붉게 익고 밍밍한 토마토는 맛의 차원이 다르기
때문에 믿음직한 토마토 농장들의 수확 시기를 눈여겨보다 구입하고
있다.
맛이 제대로 든 포동포동한 토마토가 도착한 날이면 얼마나 든든한지.
감사하게도 집에 와인을 보관하는 사계절 시원한 공간이 있어서 그곳에
완숙 토마토를 넣어두면 일주일도 끄떡없이 먹을 수 있다.
계절에 맞게, 기분에 맞게, 이렇게 저렇게 토마토를 먹다가 꼭지 부분이
무너지는 것 같으면 바로 활용도가 높은 무수분 토마토로 만들어
다양하게 활용하거나 건조해 즐기기도 한다.

생으로도, 다양한 조리 방법으로도 맛있게 먹을 수 있고, 다른 채소들,
해산물, 육류, 계란, 유제품이랑도 두루두루 잘 어울리는 토마토. 게다가
올리브오일, 각종 향신료들과도 궁합이 좋아 그야말로 '만능 딱풀'이랄까.

토마토를 먹는 세 가지 방법 : 본연의 맛에 가장 충실하게

소금과 함께, 완숙 토마토
: 잘 익은 토마토 생과와 소금은 단짝이야

생과를 베어 물었을 때 처음에는 새콤하다가 은은하게 퍼지는 기분 좋은 감칠맛을 가진 토마토. 이러한 맛있는 완숙 토마토가 있다면 꼭 추천하고 싶은 한 접시가 있다.
노자키 히로미쓰의 〈식재료 탐구 생활〉이라는 책에 수록된 간단하면서도 전에 본 적 없는 인상적인 요리법의 토마토 덮밥으로, 소금과 생강이 토마토를 멋쟁이로 만들어준다. 깍둑썰기 한 잘 익은 토마토, 충분한 소금, 생강을 갈아서 섞어주면 토마토 즙이 쭈우욱 나오는데, 과육과 즙을 한데 모아 통째로 따뜻한 흰밥 위에 올려 먹으면 소금 간으로 더욱 선명해진 토마토의 과즙이 사이사이 스며들어 아주 맛있다. 위에 김을 뿌려 먹어도 잘 어울린다.
소금을 뿌려 과즙이 가득 흐른 토마토 살사도 빠질 수 없다. 잘 익은 토마토와 양파를 잘게 썰어 소금으로 간을 하는 것이 기본이며, 오이로 상큼함을 더하거나 고추를 잘게 썰어 매운맛을 더하거나 마늘을 갈아 넣어도 좋다. 고수나 파슬리 등 선호하는 허브를 잘게 썰어 넣거나 레몬즙과 질 좋은 올리브오일을 뿌리는 것도 추천한다. 냉장고에 차갑게 보관했다 먹으면 각종 재료들이 토마토 즙과 어우러져 더욱 훌륭해진다.

무수분 토마토 사프란 소스
: 푹 익힌 토마토는 많은 것들을 포용해

익힌 토마토는 잘 어울리는 식재료가 무척 많다. 그래서 토마토가 넉넉할 때면 무수분 토마토 소스를 만들어두고 두루두루 활용하곤 한다. 완숙 토마토를 반으로 갈라 소금을 넣고 약불에 한 시간 정도 가열하면 무수분 토마토 소스를 만들 수 있으며 기호에 따라 편으로 썬 마늘, 양파, 올리브오일, 페퍼론치노 등을 추가해도 좋다. 이렇게 만든 토마토 소스는 빵에 발라 먹거나 파스타를 삶아 위에 얹어 먹어도 맛이 좋고 카레나 스튜를 만들 때 넣어도 일품이다. 혹은 팬에 올리브오일을 두르고 딱딱해진 빵을 굽다가 토마토 소스를 뿌린 뒤 뚜껑을 닫아 익히면 소스가 스며들어 부드러워진 빵을 즐길 수 있다.

또한 부재료를 달리 하면 색다른 느낌으로 만들 수 있다. 언젠가 한번 사프란을 넣었더니 놀랍도록 우아한 향이 가득 찬 맛있는 소스가 완성되었다. 완숙 토마토를 반으로 갈라 올리브오일, 소금, 사프란과 함께 냄비에 넣고 약불에 30~40분 정도 가열하다 후추를 조금 뿌려 마무리하면 끝! 이날 이후로 토마토 소스를 만들 때 강황가루, 고추장, 두반장, 간장 등 좀 더 다양한 식재료를 넣어보곤 하는데 결과는 대부분 성공이었다. 많은 것들을 포용하는 푹 익힌 토마토, 앞으로도 다양하게 활용하고 싶다.

겨울에 꺼내 먹는 여름의 맛, 말린 토마토
: 잘 말려 응축된 토마토는 좀 더 특별해

몇 년 전 여름, 농장에서 받은 방울토마토를 맛있게 먹다가 맛을 좀 더 끌어올려보려고 껍질을 벗겨 저온에 말렸더니 맛이 완전히 집결돼서 깜짝 놀랐다. 음, 그러니까 보통 토마토는 맛있는 토마토가 되고 맛있는 토마토는 진짜 맛있는 토마토가 된달까. 껍질한테 미안하지만 껍질이 없다는 점이 특히 맛있고, 그 맛과도 어울리며, 식감까지 좋다. 선 드라이 토마토도 아니고 세미 드라이도 아닌 것 같은 분위기인데, 뭐라고 불러야 할까.

솥밥, 파스타, 토스트, 스튜, 카레에 몇 알 톡톡 넣어도 두루두루 어울리고, 미소시루에 넣어도 진짜 맛있는 토마토 미소시루가 된다! 사실 최고로 맛있는 건 누룽지로, 가마솥 바닥에 토마토와 함께 눌은 누룽지의 맛, 그 감칠맛은 한 톨도 놓치고 싶지 않다. 누룽지를 끓일 때 우메보시 씨를 한 알 넣으면 그 산미가 와인 안주로 완벽하다.

정성과 시간이 들어가지만 난이도가 높은 편은 아닌 데다, 만든 사람에게 충분한 보답을 주는 맛이라 한 번쯤 해보시길 추천하고 싶다. 방울토마토 꼭지를 뗀 다음 뜨거운 물에 넣으면 껍질에 금이 가는데 이때 꺼내서 껍질을 벗기고 70도에서 6시간(1kg 기준) 말리면 완성. 토마토의 수분 양이나 선호하는 건조 정도에 따라 시간은 조절한다. 올리브오일에 담가 냉동실에 두면 오래 보관할 수 있다.

토마토 누룽지

제철 작물을 주문하는 농장에서 이번 주 가게에서 사용할 채소와 함께 누룽지를 보내주셨다. 적당한 크기의 누룽지 여러 개가 귀엽고 정성스럽다. 정석에 충실한 누룽지를 만들려고 밥을 몇 번이나 펼쳤을지, 그 수고로움이 떠올라 감사했다.

솥밥을 지어 먹으면서 뽀얗게 지어진 밥 외에도 냄비 아래 살짝 부풀어 있는 누룽지의 응축된 구수함을 기분 좋은 별책부록처럼 생각하며 좋아하게 되었다. 밥을 먹는 동안 물을 살짝 붓고 끓여서 2차전으로 즐기는 구수한 누룽지 맛에는 익숙하지만, 이렇게 단단한 누룽지를 마주하는 건 오랜만이다.

어떻게 먹어야 맛있을까? 조금 더 특별하게 즐기고 싶어서 냉장고를 뒤적이다가 불투명한 용기에 넣어둔 채 한동안 잊고 있던 방울토마토를 꺼내어 토마토 누룽지를 만들어보았다. 보관한 지 꽤 오래되었는데도 싱싱한 방울토마토의 튼튼함이 놀랍다.

적당히 상상해보고 만든 토마토 누룽지는 대성공! 토마토의 손을 잡고 누룽지를 재발견하는 시간이었다.
눌어붙어 응축되어 있는 누룽지가 토마토 즙에 낭창해지면서 나오는 감칠맛과 독특함이 매력적인데, 먹으면서 다양한 응용방법이 줄줄이 생각나 무척 뿌듯했다.

재료 (2인분)

방울토마토 200g, 누룽지 50g, 마늘, 페퍼론치노, 사프란, 올리브오일, 소금

만드는 법

① 팬을 약불에 올리고 올리브오일과 방울토마토, 편으로 썬 마늘, 페퍼론치노, 사프란을 약간씩 넣어주고 뚜껑을 덮는다.
② 5분 정도 지나 토마토가 부드러워지면 주걱 등을 이용해서 토마토를 으깨주고 다시 뚜껑을 덮는다.
③ 약불을 유지하면서 5~10분 뒤 누룽지를 넣는다. 이미 토마토에서 충분하게 수분이 나왔을 텐데, 혹시 부족하면 물을 조금 부어줘도 좋다.
④ 누룽지가 충분히 부드러워질 수 있도록 토마토 국물을 끼얹으며 스며들게 한다.
⑤ 취향껏 소금으로 간하고 녹진해지는 질감에서 마무리한다.

더 응용한다면

사프란이 있으면 아주 화려하고 멋진데 없어도 정말 맛있겠지. 사프란을 좀 줄이고 맛있는 버터를 올리면 어떨까? 때론 간장을 조금 더해도 좋을 것 같다. 생 바질을 조금 올리고 올리브오일 좀 뿌려 먹어도 좋겠다. 한치를 좀 더해도 좋을 텐데… 아님 정말 잘 익은 병아리콩 조금? 하지만 사실 누룽지랑 토마토랑 마늘만으로도 매우 충분할 것이다. 지금 생각해보니 현미 누룽지도 좋을 거 같네. 오! 딱딱해진 사워도우 조각들로도 해 먹어봐야지. 녹진함, 화려함, 산미가 소용돌이… 입속에 깊은 여운이 남았다.

무수분 토마토
청국장찌개

무수분 토마토 소스를 넣은 청국장찌개는 청국장의 구수함과 토마토의 새콤함이 어우러져 색다르고 맛도 좋다. 토마토가 들어가기 때문에 소고기를 조금 넣어도 잘 어울린다. 무수분 토마토 소스가 아니더라도 청국장찌개나 된장찌개를 끓일 때 생 토마토를 썰어 넣어줘도 충분히 그 맛을 즐길 수 있다.

재료 (1~2인분)

무수분 토마토 소스 200ml, 멸치 육수 150ml, 신김치 50g, 양파 1/4개, 불린 건 표고버섯 1개, 애호박 1/3개, 차돌박이 약간, 두부 1/4모, 청국장 100g, 고춧가루 1작은술, 된장 1작은술

만드는 법

① 무수분 토마토 소스와 멸치 육수를 섞어 끓인다.
② 쫑쫑 썬 신김치와 양파, 버섯을 넣고, 고춧가루와 된장도 넣어준다.
③ 애호박도 넣고 원하는 식감으로 익으면 차돌박이와 두부를 넣는다.
④ 청국장을 찢듯이 넣어 잘 풀어주고 3분 정도 더 끓여 완성한다.

작은 팁

- 멸치 육수는 코인으로 나오는 제품을 활용해도 간편하고 맛있다.
- 채소의 종류나 양은 취향껏 가감한다.(파, 감자, 단호박, 조선호박…)

마코토 씨의
방울토마토 스파게티

이 스파게티는 도쿄에 위치한 내추럴 와인 비스트로 Organ과 Uguisu의
오너 셰프인 마코토 씨의 레시피로 만들었다. 긴 코로나 기간 동안
사람들이 간단하고 맛있는 집밥을 먹으며 분위기를 환기하길 바라면서
공유하신 레시피 중 하나이다. 만들어 먹어보니 깜짝 놀랄 만큼 맛있어
한국어로 번역해 개인 SNS에 공유했는데 많은 분들이 좋아해주셨다.
마코토 씨의 허락을 받고 소개한다. 언제든 구할 수 있는 방울토마토, 아주
간단한 조리법으로 큰 만족감을 주는 심플 이즈 베스트의 스파게티이다.

재료 (3~4인분)
방울토마토 650g, 스파게티 면 약 400g, 마늘 3~4개,
일본 고추(페퍼론치노로 대체 가능), 엑스트라 버진 올리브오일, 소금

만드는 법
① 방울토마토의 꼭지를 제거하고 마늘은 편으로 썬다.
② 냄비에 방울토마토, 마늘, 고추, 올리브오일을 넣고 뚜껑을 덮어 약불로
   익힌다. 가끔 뚜껑을 열고 열이 균일하게 들어가도록 주걱으로 섞거나 으깬다.
③ 5분이 지나면 토마토가 부드러워지기 시작하며 수분이 나온다. 한 번 저어준
   다음 다시 뚜껑을 덮는다.
④ 10분이 지나면 좀 더 수분이 나오고 모양이 무너진 토마토도 나오기 시작한다.
   저어준 다음 뚜껑을 덮는다.
⑤ 15~20분 후 불을 끄고 토마토와 마늘을 으깬다. 토마토는 주걱이나 스푼으로
   부드럽게 무너지는 질감이어야 하는데, 아직 단단한 느낌이 들면 2~3분 정도
   더 약한 불로 토마토가 부드러워질 때까지 익히다가 으깨준다. 소금으로 간을
   하고 올리브오일을 더해 소스를 완성한다.
⑥ 스파게티 면을 1~1.1% 정도 염도의 소금물에 삶아 그릇에 담고 소스를 더해
   버무린다. 바질이나 이탈리아 파슬리를 찢어 넣어도 악센트가 된다.

토마토
참치 국수

요시나가 후미 작가의 만화책 〈어제 뭐 먹었어?〉는 43세의 변호사 카케이 시로 씨가 매일 알뜰하게 장을 보고 메뉴를 고심해 집밥을 요리하는 에피소드들이 실려 있는 시리즈이다. 이야기도 재미있고 유용한 요리 팁이나 아이디어도 얻을 수 있어 좋아하는 만화책이다. 특히 1편에 소개된 '토마토 참치 국수'는 간단하면서도 맛이 좋아 그때그때 집에 있는 재료들로 변형해 가며 즐겨 먹는 점심 단골 메뉴이다. 책에는 양념장이 국수 장국으로 간단히 표기되어 있는데 산미와 고소함을 더한 양념장을 뿌려 먹는 우리 집 버전의 토마토 참치 국수를 소개한다.

재료 (2인분)
완숙토마토 1개, 기름을 제거한 뒤 마요네즈로 버무린 통조림 참치 1캔,
소면 100g, 오이 1개, 쪽파 2~3개, 소금
양념장 : 간장 1큰술, 물 1큰술, 식초 1작은술, 참기름 1/2큰술, 빻은 깨,
간 생강 1/3작은술

만드는 법
① 소면을 삶아 차가운 물에 헹군 뒤 꼭 짜서 물기를 제거한다.
② 토마토를 깍둑 썰어서 소금을 살짝 뿌려둔다.
③ 삶은 소면 위에 마요네즈에 버무린 참치와 토마토, 채 썬 오이를 얹는다.
   토마토에서 나온 즙까지 모두 넣어준다.
④ 양념장을 취향껏 조절하여 뿌리고 쪽파를 듬뿍 얹는다.

작은 팁
- 소스를 넉넉히 붓고 샐러드용 잎채소를 섞어 넣어도 맛있다.
- 시소 잎이나 깻잎을 채 썰어 올려도 좋고, 김을 듬뿍 뿌려도 잘 어울린다.
- 파스타 면을 삶아서 콜드 파스타처럼 해 먹기도 한다.
- 간장을 쯔유로 대체한다면 다른 양념장 재료는 취향껏 가감한다.

3
완두콩

: 톡톡 터지는 선명한 연둣빛의
달콤한 미소

하루하루 초록이 성큼성큼 자라나는 5월. 얼마나 초록이 불어나는 계절인지, 우리 강아지와 산책하는 숲이 날마다 울창해지는 게 눈으로 보인다.

매해 5월즈음 시장이나 SNS에서 샛초록색 빛깔의 완두콩을 보면 별수 없이 한 묶음 집어 들기 마련이라 완두콩은 늘 나의 냉장고에 보관되어 있다. 매일 요리를 하지만 재료를 손질하는 모든 과정까지 좋아하는 편은 아닌데도 해마다 완두콩을 사는 이유는, 아무래도 껍질을 벌리고 우루루 콩을 떨궈내는 과정을 좋아하기 때문이 아닐까?

완두콩 깍지는 정말 금방 시들고, 깍지가 시들해지기 시작하면 콩도 맥을 못 추니까 박차를 가해 손질해야 하는데, 시작하기 전에는 귀찮기만 하고 전혀 설레지 않는다. 그런데 희한하게도 툴툴 맞은 기분으로 식탁에 앉아 투박하게 껍질과 콩을 분리하다 보면 그 묵묵한 시간이 평화롭게 느껴진달까.

1킬로 하는 김에— 2킬로 하지 뭐…

한 주먹을 소금물에 삶아 그대로 입에 넣었을 때 아주 오랜만에 전해지는 완두의 선명한 달콤함, 그 따뜻한 달콤함이 좋아서 완두콩 갈무리는 별수 없이 해마다 하게 되는 것 같다. 사실 어떻게 요리하는 것보다 직접 손질한 완두를 처음 삶아 먹을 때 제일 맛있는데, 이런 작은 성취감이 맛소금처럼 더해져서 그렇겠지?

한 주먹을 소금물에 삶아
그대로 입에 넣었을 때 전해지는
완두의 선명한 달콤함

완두콩
카펠리니

완두콩으로 콩국물을 만들고 앤초비와 레지아노 치즈로 감칠맛을, 레몬으로 산미를 더한 완두콩 카펠리니는 마나의 여름에 큰 사랑을 받는 메뉴이다. 염도와 산미를 과감하게 맞추면 화이트 와인 안주로 아주 좋고, 올리브오일을 둘러 마무리하면 선명하게 느껴지는 그 향이 일품이다.

재료 (2~3인분)

완두콩 600g, 카펠리니 면 120g, 앤초비 1장, 레몬즙 1/2개 분량, 소금 1/2작은술, 레지아노 치즈 간 것 10g, 올리브오일

만드는 법

① 냄비에 물 1.2리터, 분량 외 소금 1큰술을 넣고 끓으면 완두콩을 넣어 7~8분 삶는다.
② 삶은 완두콩을 채반에 옮겨 물기를 뺀 다음 물 400ml, 앤초비, 레몬즙, 소금, 레지아노 치즈와 함께 갈아준다.
③ 채반에 곱게 내려 차갑게 보관한다.
④ 1~1.1% 정도 염도의 소금물에 카펠리니 면을 삶아 찬물로 헹구고 채반에서 물기를 빼준다.
⑤ 면을 그릇에 담고 레몬즙과 올리브오일로 살짝 버무린다.
⑥ 완두콩 국물을 부어 완성한다. 레몬 제스트나 완두콩으로 장식하면 예쁘다.

완두
감자 고로케

뜨거운 여름이 시작되기 직전이면 파근파근한 두백감자, 겉과 속이
붉어 아름답고 청량한 수분감을 품었지만 익히면 분이 나는 홍영감자,
라벤더빛 속살을 가진 자영감자 등 아름다운 햇감자들이 쏟아져 나온다.
감자는 사계절 내내 먹을 수 있는 고마운 재료인데, 거의 생으로 먹는
청량하고 아삭하고 아름다운 색깔의 감자, 김을 후후 헤쳐 가며 서둘러
먹고 싶은 파근파근 분 나는 감자를 떠올리면 그 이미지는 여름이랄까…
완두와 감자를 예쁘게 만나게 해주고 싶어 고로케를 동글동글 빚어본다.
볶아서 감칠맛을 낸 햇양파도 거든다. 좋아하는 향신료라던지 미소를
조금 넣어줘도 기분 좋은 포인트가 된다. 동그란 튀김을 귀여워하는
친구들의 미소는 덤이다. 다정한 온도, 부드러운 감자 속살에 통통 터지는
달콤한 완두가 귀여워!

재료 (2인분)

중간 사이즈 감자 3개, 삶은 완두콩 3~4큰술, 양파 1/2개, 버터 1작은술, 쌀가루,
계란, 빵가루, 현미유, 소금

만드는 법

① 소금물에 감자를 삶아서 으깨준다.
② 양파를 썰어 버터와 함께 갈색빛이 돌 때까지 볶는다.
③ 완두콩과 감자, 양파를 한데 섞어서 소금으로 간한 다음 동그랗게 빚는다.
④ ③에 쌀가루, 계란, 빵가루 순으로 옷을 입히고 180도로 가열한 기름에서 4분
   튀긴다.

작은 팁

- 향신료인 커민이나 가람마살라를 섞어줘도 잘 어울린다.
- 앞 페이지의 완두콩 콩물을 데워서 소스로 곁들여도 좋다.

완두콩
바지락 감자 수프

부드러운 감자, 달콤한 완두콩, 통통한 바지락 살을 듬뿍 넣은 수프. 제철을 맞은 완두콩과 감자를 감사한 마음으로 손질하고 단순한 방법으로 요리해 한 그릇에 담았다. 뜨끈뜨끈 시원한 바지락 국물에 절로 탄성이 나고, 소박하고 다정한 그 맛이 마음까지 가득 채운다.

재료 (1인분)

감자 1~2개(150g), 완두콩 150g, 바지락 살 100g, 멸치 육수 400ml

만드는 법

① 감자는 껍질을 벗기고 1cm 크기로 깍둑 썬다.
② 끓는 멸치 육수에 감자를 넣고 5분 정도 지나면 완두콩을 넣어 3분 정도 더 익힌다.
③ 바지락 살을 넣고 한소끔 끓어오르면 떠오르는 불순물을 제거하고 마무리한다.

작은 팁

- 바지락을 넣으면 염도가 생기기 때문에 최종적으로 맛을 본 뒤 소금으로 간을 맞춘다.
- 후추를 뿌려 먹어도 맛있다.

순두부
완두 앙가케

전분을 넣어 걸쭉하게 만든 앙가케를 부은 따뜻한 한 접시.
몽글몽글한 앙가케 소스에 우메보시로 산미를 더해주고, 달큼한 완두콩과
오동통한 새우를 가득 넣었다. 따뜻한 순두부 위에 부어주면
그 부드러움이 입안에서 사르르.

재료 (1인분)

순두부 200g, 큰 사이즈 새우 4마리, 완두콩 70g, 가쓰오 육수 200ml,
우메보시 1개, 소금
전분물 : 칡 전분 1큰술(감자 전분 등으로 대체 가능), 물 2큰술

만드는 법

① 가쓰오 육수를 끓이다가 우메보시를 찢어서 넣고 새우와 완두콩도 넣어서
   익혀준다.
② 전분물을 ①에 붓고 점성이 생기면 소금으로 간을 맞춘다.
③ 순두부를 따뜻하게 데운 뒤 그 위에 ②를 부어 먹는다.

잠두콩밥

파바빈스라고도 불리는 잠두콩은 큼지막한 콩깍지 속에 오동통한 알맹이들이 자리한, 맛도 영양도 만점인 콩이다. 일본에서는 소라마메라고 불리며 4월부터 초여름까지 흔하게 볼 수 있지만, 한국에서는 마트에서 쉽게 구입할 수 있는 콩은 아닌 듯하다. 나의 경우, 정말 좋아하는 맛이어서 봄이 되면 판매처를 알아보고 해마다 사두는 편이다. 최근에는 한국에서도 재배하는 곳이 늘어 구입도 점점 쉬워지고 있다.

잠두콩을 이렇게 좋아하게 된 이유는 맛도 좋고 깜찍한 외관도 물론 귀엽지만, 무엇보다도 몇 년 전 4월, 혼자 들른 도쿄 시모키타자와의 작은 와인바에서 숯불에 구워 통째로 내주었던 잠두콩의 맛과 몇 잔의 와인, 완벽했던 봄밤의 기억 때문일 것이다.
껍질에서 알맹이를 쏙쏙 빼 먹는 재미를 그때 알게 되었다. 좋아하게 된 식재료와 계절, 즐거웠던 시간이 얽히면 도무지 빠져나갈 도리가 없다. 그 계절이 시작되는 냄새만 맡아도, 그걸 먹었던 밤과 비슷한 바람을 느껴도, 그때와 비슷한 소음이나 웃음소리를 들어도 바로 그 모양새나 맛, 처음 맛볼 때의 온도까지도 코앞에 펼쳐지기 때문에…

집에서는 소금물에 삶아 속껍질까지 벗겨서 먹는 것을 선호하는데, 냉동해두면 완두콩처럼 생생하게 갈무리할 수 있다. 올리브오일과도 굉장히 잘 어울려서, 갓 지은 밥에 잠두콩을 가득 올리고 올리브오일을 듬뿍 뿌려 먹었는데 얼마나 맛있던지.

맛있는 쌀로 갓 지은 밥에
소금물에 살짝 데친 잠두콩을 살살 섞고
소금을 꼬집어 부숴서 넉넉히 올리고
올리브오일을 듬뿍 뿌려 먹는 기쁨.

반쯤 먹다간 숙성된 레지아노 치즈를 가득, 레몬즙도 뿌려서 먹으면
산미의 변주가 또 좋다.

어떻게 보면 요리라기에는 머쓱한, 너무 쉬운 방법 아닌가? 싶다가도
좋은 재료들을 조합해서 맛보고 조금 더해보기도 하고 빼보기도 하며
만들어가는 과정에서 느끼는 기쁨이 충만하다.

4
계란

: 언제 어디서 어떻게 먹어도

갓 지은 뽀얀 하얀 밥에 구름처럼 올라가 있는 온천 계란,
톡 건드리면 주르르 쏟아지는 농밀한 노른자,
갈색빛이 돌지 않도록 신경 쓰며 통통하게 만 계란말이,
바삭한 가장자리, 절묘하게 익은 흰 면, 가운데 봉긋 선 노른자가 근사한 계란프라이,
정성들인 노란색 한 장, 하얀색 한 장의 지단.

이렇게 포토제닉한 순간도 많은 계란이지만, 사진으로 남기지 않는 경우가 더 많은 재료이기도 하다. 들기름을 둘러 노른자까지 터뜨려 대강 부친 계란프라이, 시간을 들이기 싫어 팬에서 바로 깨 젓가락으로 휘휘 저은, 흰자와 노른자가 섞이지 않은 푸슬푸슬한 계란 볶음도 있고, 시간을 잘 맞추지 못해 노른자가 좀 빡빡한 삶은 계란도 있다. 그렇지만 대충 조리해도 계란은 언제 어디서든 살아남는다. 사실은 이렇게 게으르고 대충대충 만든 것 같은 계란 요리만 먹고 싶은 날도 있을 만큼. 단백질과 미네랄, 비타민이 풍부한 계란은 정말 요긴하고 고마운 식재료이기 때문에 가능한 좋은 환경에서 건강한 먹이를 먹고 지내는 닭들이 낳은 계란을 구입하고 있다.

대충 조리해도 계란은 언제 어디서든 살아남는다.
사실은 이렇게 게으르고 대충대충 만든 것 같은
계란 요리만 먹고 싶은 날도 있을 만큼.

미소 반숙란

냉장고에서 바로 꺼내 차가운 계란을 끓는 물에 7분 삶고 바로 찬물에
담갔다가 껍질을 벗기면 노른자가 적당히 익은 반숙란이 된다. 이대로
먹어도 맛있지만 술지게미와 미소를 섞어 계란에 바른 다음 랩으로
감싸놓으면 노른자와 흰자에 쏘옥 배어든 감칠맛이 일품인 미소 반숙란이
된다. 숙성시켰다가 그대로 하나씩 먹어도 맛있고, 밥이나 국수 위에
고명으로 얹어 먹어도 잘 어울린다.

재료

계란 6개, 미소 3큰술, 술지게미 2큰술, 사케 1큰술

만드는 법

① 냉장고에서 바로 꺼내 차가운 계란을 끓는 물에 7분 삶고 바로 찬물에
    담갔다가 껍질을 벗긴다.
② 미소, 술지게미, 사케를 섞어 계란에 바른 다음 지퍼백에 넣거나 랩으로
    감싼다.
③ 하루 숙성시킨 후 먹을 수 있으며 냉장고에서 7일 정도 보관 가능하다.
    시간이 흐를수록 맛이 점점 깊어진다.

작은 팁

- 끓는 물에 계란을 넣고 30초 정도 젓가락으로 저어주면 노른자가 가운데에
  오게 삶을 수 있다.
- 사케가 없으면 집에 있는 남은 술을 요령껏 이용한다. 청주, 증류식 소주, 소주,
  화이트 와인, 미림도 좋다.
- 술지게미가 없으면 미소 3큰술, 물 2큰술, 미림 1큰술을 섞어서 절여도 비슷한
  느낌으로 즐길 수 있다.

반숙
스카치 에그

반숙으로 삶은 뒤 미소와 술지게미로 숙성한 계란으로 만든 스카치에그는 흰자와 노른자에 감칠맛이 쏘옥 배어 있다. 도톰하게 겉을 감싼 고기 패티와 촉촉한 노른자가 무척 잘 어울리는 마나의 인기 메뉴이다.

재료

반숙란 2~3개, 튀김가루, 계란 1개(계란물), 빵가루
패티 : 다진 소고기 100g, 다진 돼지고기 100g, 계란 1개, 생크림 50ml, 빵가루 50g, 다진 양파 50g, 소금, 후추

만드는 법

① 패티 재료를 볼에 넣어 치댄다.
② 반숙란에 튀김가루를 얇게 묻히고 패티로 감싸준 뒤 다시 튀김가루를 얇게 묻힌다.
③ 계란물을 바르고 빵가루를 입혀준다.
④ 170도 기름에 8~9분 튀긴다.

작은 팁

- 튀길 때 계란이 기름 안에 전부 잠기도록 한다.
- 생크림 대신 우유나 두유를 사용해도 된다.

계란
치즈 우동

우동 면의 탱글 탱글한 식감, 거기에 계란, 버터와 치즈를 더한 따뜻하고 부드러운 조합. 마지막에 치즈를 귀엽게 올려서 기분까지 좋아지는 한 그릇이다.

재료 (1인분)

계란 2개, 가쓰오 육수 200ml, 우동 면 70~80g, 무염버터 15~20g, 감자 전분 1작은술, 미몰레트 치즈, 소금

만드는 법

① 가쓰오 육수가 끓으면 물에 갠 감자 전분을 풀어준다.
② 계란 2개를 풀고 체에 내린 뒤 소금으로 간을 맞춘다.
③ 육수가 몽글몽글해지면 약불로 줄이고 계란물을 푼다. 계란이 익으면 불을 끈다.
④ 우동 면(취향에 따라 소면 등도 가능)을 삶아 그릇에 담는다. 무염버터를 올리고 육수를 붓는다.
⑤ 미몰레트 치즈를 잘라서 올린다.

계란 잔멸치
비빔면

어렸을 때 우리 집의 계란밥 레시피는 흰쌀밥에 계란프라이를 올리고 멸치볶음을 가득 넣은 다음 김, 간장, 참기름, 깨소금까지 추가해 비벼 먹는 것이었다. 언제라도 가슴속에서 꺼낼 수 있는 계란밥의 맛을 떠올리며 만들었다.

재료 (1인분)

우동 면 100g, 계란 1개, 자숙 잔멸치 2큰술, 무염버터 15~20g, 김 가루, 쫑쫑 썬 쪽파 1큰술, 파르미지아노 레지아노 치즈
양념장 : 간장 1/2큰술, 물 1큰술, 참기름 1/2작은술

만드는 법

① 우동 면을 삶아 그릇에 담고 무염버터를 올린다.
② 끓는 물에 계란을 깨 넣어 수란을 만든다.
③ 우동 면 위에 수란, 자숙 잔멸치, 김 가루, 쪽파를 풍성하게 담고 파르미지아노 레지아노 치즈를 갈아 올린 다음 양념장을 뿌린다.
④ 수란을 터뜨려 고루 비벼 먹는다.

작은 팁

- 면 종류는 취향에 따라 바꾸어도 좋고, 면 대신 밥을 곁들여도 맛있다.
- 간장마다 염도가 다르므로 양념장은 만들어보면서 간장이나 물을 가감한다. 쯔유로 대체해도 좋은데, 이때 참기름은 취향껏 넣거나 뺀다.

노른자
미소 절임

일본 드라마인 〈선술집 바가지〉에서 보고 처음 만들게 된 노른자 미소 절임이다. 계란 노른자에 미소 이불을 덮어놓고 하루 한 알 꺼내 먹는 기쁨. 밥 위에 올려 먹어도 맛있고 손님을 초대했을 때 하나씩 내가도 예쁘고, 미소를 다시 사용할 수 있는 점도 좋다.

재료

계란 4개, 미소 250g, 미림 1큰술, 거즈

만드는 법

① 미소와 미림을 섞은 다음 용기에 반절을 넣고 거즈를 덮는다.
② 숟가락으로 눌러 노른자가 들어갈 자리를 만들고 노른자를 조심히 올린다.
③ 그 위에 다시 거즈를 덮고 남은 미소를 조심히 발라준다.
④ 뚜껑을 닫아 냉장고에서 숙성하여 다음 날부터 먹는다.

작은 팁

- 사흘째부터는 짜질 수 있으니 노른자를 따로 옮겨놓는다.

5
복숭아

: 사랑하는 초여름의 과즙미

칼이 아닌 손가락으로 껍질을 스윽 벗겨낼 수 있을 정도로 잘 익은 복숭아를 좋아한다. 껍질을 살살 벗긴 촉촉한 복숭아를 맨손으로 집어 한 입 무는 기쁨, 손가락 사이로 뚝뚝 떨어지는 과즙까지 모조리 맛보고 싶다.

예전에는 복숭아가 물복과 딱복만 있는 줄 알았는데, 해가 갈수록 다양한 품종의 아름다운 복숭아들을 많이 만나게 된다. 설탕에 절인 통조림 복숭아보다도 달디단 싱그러운 복숭아도, 쫀득해서 입안에서 작은 놀라움을 주며 한 번 멈추게 하는 복숭아도, 우유 맛이 나는 복숭아도, 요거트 맛이 나는 복숭아도 있다. 복숭아 품종이 늘어났느냐고 묻는다면 맞는 말이고, 내가 복숭아를 사랑해서 점점 더 복숭아의 세계를 깊이 알게 된 건가 묻는다면 그 또한 맞는 말일 것이다.

잘 익어 풍성한 맛을 가진 다양한 복숭아들을 마음껏 만날 수 있는 계절, 초여름이 참 좋다. 그리고 맛있는 걸 마주하면 좋아하는 사람들이 떠오른다. 자연스레 잘 익어 맛있는 복숭아를 마나의 손님들께 새로운 방식의 요리로 맛보여드리고 싶다.

복숭아
문어 감자 샐러드

잘 어울리는 문어와 감자 조합에 복숭아를 더한다면 어떨까?

부드럽게 조리한 문어, 잘 익은 복숭아, 짭짤하게 삶은 감자로 만든 샐러드.
이 샐러드는 향긋하고 산뜻한데 이는 파인애플 민트와 라임의 공이 크다. 처음에는 복숭아와 문어, 감자를 향긋하게 이어줄 고리로 바질을 떠올렸지만 뭔가 조금 아쉬웠다. 그즈음 정말 어여쁜 고리를 발견했는데 그것이 바로 파인애플 민트다.
파인애플 민트는 파인애플이 연상되는 향기를 가진 민트이다. 그리고 잎의 둘레에 하얗게 얼룩이 있는 모양이 무척 예쁘다. 샐러드 위에 톡톡 찢어 올리면 문어, 감자, 복숭아의 색을 조화롭게 정리해준다.
샐러드를 담고 파인애플 민트를 가득 올리면 담음새도 정말 예뻐 보이고 향긋함과 산뜻함의 범위가 완전히 달라진다. 만든 직후도 맛있지만 한두 시간 냉장고에 보관했다 먹는 편이 훨씬 맛있다.

잘 익은 과일을 사용하는 게 중요한데, 복숭아 철이 아닐 때는 잘 익은 망고나 멜론도 좋다. 하지만 복숭아가 가장 청순하고 예쁜 맛인 데다 복숭아를 요리로 먹으면 어쩐지 기분까지 좋아지니까, 복숭아 철에 많은 분들이 해 먹고 청량한 기분을 느꼈으면 한다.

재료(1인분)

삶은 문어 다리 2개, 감자 1개, 복숭아 1/2개, 라임, 올리브오일, 소금,
파인애플 민트(애플 민트로 대체 가능)

만드는 법

① 감자를 큐브 모양으로 잘라 소금물에 7분 30초 삶는다. 잘 익었는지 체크 후 물기를 제거해 식힌다.
② 부드럽게 삶은 문어 다리와 복숭아도 큐브로 잘라 식은 감자와 함께 볼에 넣는다.
③ 소금으로 간하고 라임 제스트와 라임 1/2개 분량의 즙을 넣고 섞어준다. 이때 복숭아 씨 주변에 나온 과육을 살짝 짜서 넣어주면 더 향긋하다.
④ 냉장고에 차갑게 보관했다가 그릇에 담고 라임즙과 올리브오일 조금, 파인애플 민트를 듬뿍 올린다.

복숭아
보리 샐러드

잘 숙성한 복숭아를 식사에도 활용하고 싶어 만든 요리이다. 복숭아가 나기 시작하는 여름 초입에 부쩍 생각나는 보리와 예로부터 궁합이 좋은 오이와 소고기를 보탰다. 모든 재료가 꽤 잘 어울리는 청량한 여름 샐러드. 천도복숭아와 각종 재료를 작은 사이즈로 깍둑 썰어서 좋아하는 시트러스와 소금을 섞어주면 산뜻한 식감을 한입 가득 느낄 수 있다. 허브를 잘게 썰어 넣어도 좋은데, 개인적으로는 민트와 고수가 취향이다. 복숭아와 함께 제철인 오크라, 초당옥수수 등을 추가해도 좋다. 냉장고에 넣어두면 시간이 지날수록 복숭아 과즙이 스며 맛이 더 좋아진다. 먹을 때 레몬즙을 조금 더하면 상큼한 맛이 더 살아나고, 청양고추를 잘게 썰어 더해도 좋다. 도시락으로도 추천한다.

재료 (1인분)

보리 50g, 천도복숭아 1개, 오이 1/2개, 소고기 다짐육 80g, 올리브오일 1큰술, 소금 1/2작은술에서 가감, 레몬즙 1/2개 분량, 통후추

만드는 법

① 끓는 소금물에 보리를 20분 삶아 차가운 물에 씻어 한김 식힌다.
② 천도복숭아와 오이는 큐브 모양으로 자른다. 오이에 씨가 많다면 숟가락으로 제거한다.
③ 팬에 분량 외 기름을 조금 두르고 소고기를 볶으며 소금으로 간한 다음 한김 식힌다.
④ 올리브오일, 소금, 레몬즙, 통후추와 함께 모든 재료를 섞어주고, 취향에 맞게 염도와 산미를 조절한다.

복숭아
오이 미소시루

복숭아의 은은한 단맛과 어여쁜 향기, 국물의 산미가 어우러진 기분 좋은 여름 맛의 미소시루. 오이와 양파도 맛있을 철인 데다 깨를 듬뿍 넣어 고소하고, 식초를 더해 산미가 있어서 아주 산뜻하다. 문어를 넣어도 무척 잘 어울린다.

재료 (1~2인분)
잘 익은 복숭아 1~2개, 오이 1/2개, 양파 1/4개, 다시마 육수 300ml, 미소 1큰술, 식초 1큰술, 깨소금 1큰술, 소금

만드는 법

① 다시마 육수에 미소와 식초를 섞어 차갑게 보관한다.(미소 양은 염도에 따라 가감)
② 오이는 너무 두껍지 않게 썰어서 소금을 약간 뿌려둔다. 씨가 많으면 제거하는 게 좋다.
③ 복숭아는 먹기 좋게, 양파는 얇게 썰어준다.
④ 5분 뒤 소금에 가볍게 절여진 오이를 짜준 다음 복숭아, 양파, 깨소금과 함께 ①에 넣고 섞어준다.

복숭아를 얹은 콩국물

시원한 콩국물에 소금을 약간 넣고,
잘 익은 복숭아를 얹은 다음 올리브오일 살짝 둘러주기.
고소한 콩국물과 달콤한 복숭아의 어울림이 새롭다.
여름 더위를 잊게 하는 든든한 맛.

복숭아 얼그레이 절임

복숭아 얼그레이 절임은 워낙 유명한 여름 디저트지만,
복숭아, 얼그레이 찻잎, 와인만으로 만들 수 있지만,
작은 디테일에 따라 맛의 차이가 상당하다.
가장 중요한 것은 복숭아.
아주 잘 익은 복숭아를 사용해야 풍만한 맛이 난다.
또한 얼그레이 찻잎이 크다면 곱게 갈아서 사용하는 것을 추천한다.
식감도 훨씬 좋고 복숭아에 착 붙는다.
또한 나는 화이트 와인 대신 스위트 와인이나
프랑스 쥐라 지역의 막뱅을 넣는 것을 좋아한다.
얼그레이와 함께 향신료인 카더몬 1~2알을 부숴 넣어주어도 잘 어울린다.
재운 뒤 반나절은 실온에 두어 맛을 들인 다음 냉장고에 넣어
아주 차갑게 먹으면 시원한 온도감이 주는 행복을 느낄 수 있다.

6
양배추

: 하나도 남김없이, 어느 요리에나

부쩍 쌀쌀해진 날씨 때문일까. 계절의 변화와 생동감을 눈으로 꾹꾹 담고
싶은 겨울 초입, 재래 시장에 들렀다. 겨울 양배추가 한창이었는데, 둥근
양배추의 둘레가 몇 주 전과는 확연하게 달라진 걸 보니 성장의 생동감이
느껴졌다.

자주 이용하는 온라인 마트에서 흥미로운 상황을 목격한 적이 있다.
양배추 반 통과 한 통은 가격이 같은데도 반 통의 후기가 더 많은 것이다.
혼자 사는데 도저히 한 통을 다 먹을 자신이 없어서, 한 통은 질려서
안 먹다가 결국은 버리게 되니 낭비하는 게 싫어서 반 통을 사는 경우가
많았다.
그럴 땐, 일단 한 통을 사서 절반은 소금으로 조물조물 절여두고
식사할 때 곁들이는 것을 추천하고 싶다. 보통 1, 2인 가구에서 양배추
한 통을 완전히 소비하는 것에 부담을 느끼는데, 이렇게 양배추 절임을
만들어두면 김치나 피클처럼 어느 요리에 곁들여 먹어도 훌륭하다.
양배추 절임은 간단하고 맛있는 데다, 유산균을 따로 먹지 않아도 될
정도로 소화도 잘돼서 좋으니까 혼자 사는 친구들에게도 자주 추천하고,
가게의 육류 메뉴에도 곁들여 나가고 있다.

커다란 양배추를 반으로 갈라 심지까지 버리지 않고 사용하면 기분이 꼭 좋아진다.
요리를 할 때만큼은 딴짓을 하지 않고 집중해서 해내는 편이라 그 시간을 좋아하는지도 모르겠다. 소금을 뿌린 양배추가 숨이 죽는 동안 쌀도 불리고, 가만 보자 시간이 좀 있으니 계란말이도 하나 말까… 즐거운 궁리를 하며 시간을 정성껏 사용하는 기분이 정말 좋다. 생각을 하고 있지만 생각이 정리되고, 여러 가지 일을 하고 있지만 분산되지 않고 하나로 집중되는 느낌이다. 운동을 할 때 정확한 근육을 사용하는 느낌과도 비슷하다.

양배추 절임
(사워크라우트)

양배추와 소금, 그리고 약간의 품만 들이면 맛있는 양배추 절임을 만들 수 있다. 맛도 있고 소화도 도와주는 훌륭한 저장식으로, 적양배추를 섞어서 만들면 색도 아주 예쁘다. 김치와 피클이 없을 때도 아주 유용하며, 빵이든 파스타든 한식이든 언제 꺼내 먹어도 잘 어울린다. 얇게 만든 사워크라우트로 수프를 끓여 먹어도 되고 샌드위치에 넣어도 무척 맛있다.

재료

양배추 1통, 적양배추 1통, 소금

만드는 법

① 양배추의 심지를 제거하고 원하는 크기로 썬다. 자잘한 식감이 좋으면 얇게 채 썰고, 오독오독한 식감이 좋으면 1.5cm 정도 너비로 썰어준다.
② 양배추 무게 2% 분량의 소금을 넣고 양배추를 주무른다.
③ 처음에는 잘되지 않는 것 같아도 곧 물이 나오며 양배추가 나긋해진다.
④ 깨끗한 통에 담아 그릇 등으로 꾹꾹 눌러준다. 양배추에서 나온 물에 다 잠기면 좋다.
⑤ 여름에는 5일, 겨울에는 7일 정도 실온에 두다가 냉장고에 넣고 먹는다.

작은 팁

- 기호에 따라 월계수 잎이나 통후추, 겨자씨, 마른 고추 등 향신료를 추가하면 색다르다.

소금 조물이 양배추
옛날 토스트

양배추 한 통과 적양배추 한 통을 소금에 절여 사워크라우트를 만들고
남은 잎 몇 장을 보니 옛날 토스트가 먹고 싶어졌다. 길거리 토스트의
새콤달콤한 케첩도, 어린이 입맛 같은 슬라이스 햄과 슬라이스 치즈도,
완숙 계란 지단도 모두 꼭 맞아 떨어지는 옛날 토스트가 먹고 싶어…!
그렇지만 사워크라우트를 만드느라 생 양배추를 하도 주물러댔더니
그 냄새에는 질려버렸다. 그래서 소금에 살짝 절여보았더니 나긋한
식감의 채소를 좋아하는 내 입맛에 꼭 맞는다. 속도 편안하고 맛도 익숙한
옛날 토스트가 되었다!

재료 (1인분)

양배추 80~100g, 식빵 2장, 계란 1개, 당근, 슬라이스 햄, 슬라이스 체다 치즈,
케첩, 버터, 소금

만드는 법

① 양배추는 채 썰어 소금 한 꼬집을 넣고 조물조물 한 뒤 20분 정도 둔다.
② 물기가 생기고 숨이 죽은 양배추를 꼭 짜준다.
③ 계란을 풀고 양배추와 채 썬 당근을 넣고 잘 섞어 지단을 부친다.
④ 팬에 버터를 넣고 식빵 양쪽을 노릇하게 굽는다.
⑤ 햄, 치즈, 계란 지단을 식빵 사이에 넣고 케첩을 뿌려 먹는다.(머스터드,
  마요네즈 등 소스는 취향에 따라)

양배추 표고버섯
닭고기 수프

하루 전날 우려둔 건 표고버섯 육수, 쫄깃하게 응축된 표고버섯,
먹기 좋은 크기로 자른 양배추와 다진 닭고기가 국물에 퍼져 단시간의
조리로도 깊은 맛을 느낄 수 있게 만들어준다.

재료 (1~2인분)

양배추 80~100g, 불린 건 표고버섯 중간 사이즈 2~3개, 다시마 표고버섯 육수 400ml, 껍질과 지방을 제거한 닭다리살 150g, 간장 1큰술, 소금

만드는 법

① 다시마 표고버섯 육수를 냄비에 붓고 1~1.5cm 정도로 자른 양배추와 얇게 자른 표고버섯을 넣어 10분 끓여준다.
② 닭다리살을 칼로 다진 뒤 간장으로 버무린다.
③ 다진 닭고기를 냄비에 풀고 3~4분 더 익혀준다. 모자란 간은 소금으로 한다.

작은 팁

- 후추도 잘 어울리고 중간에 고추기름을 풀어 먹어도 색다르다.

양배추
계란 덮밥

양배추를 데치면서 바로 만드는 간편한 덮밥이다.
부드럽게 숨 죽은 양배추와 계란, 들깨 가루의 조합에 맛도 속도 편안하다.

재료 (1인분)

양배추 200g, 소금 1/2작은술, 밥 1인분, 물 100ml, 들깨 가루 2스푼, 전분물(칡 전분 1/2큰술, 물 1큰술), 계란 1개(계란물), 들기름

만드는 법

① 무쇠 냄비에 물과 채 썬 양배추, 소금을 넣고 뚜껑을 닫아 중약불에 9~10분 정도 익힌다. 중간중간 섞어준다.
② 뚜껑을 열고 불을 끄지 않은 상태로 들깨 가루와 전분물을 넣어 농도를 낸다.
③ 계란물을 부어 원하는 질감으로 익으면 불을 끄고 들기름을 두른 다음 밥 위에 올린다.

작은 팁

- 취향에 따라 연두나 액젓을 몇 방울 떨어뜨리거나 버터를 올려 먹어도 좋다.

7
무와 무청

: 부드럽게 안아주는 하얀 맛과 초록 맛

무

11월 어느 날. 구례에서 여러 품종의 무가 올라왔다. 무에 맛이 들기 시작하는 것을 보니 이제 곧 추위도 찾아오겠지.

무청과 무를 분리하고 무는 적당히 썰어 볕과 바람이 잘 드는 곳에 널어두었다. 무의 꼭지 부분도 같이 말려서 채수를 낼 때 더해줘야지. 반나절만 지나도 수분이 적당히 빠진 무가 구부러지면서 휘어지는 것이 신기하다. 한 줌 집어서 무에서 나올 수분을 고려해 물을 적게 잡고 무밥을 지었다. 살짝 응축된 무로 지은 밥이란 그냥 술술 넘어가서 순식간에 다 먹게 된다. 그리고 말린 무 밥으로 만든 누룽지는 정말 진하게 우린 채수로 끓인 것 같은 맛이라 배가 불러도 포기할 수가 없다.

초겨울 추위를 넘기며 단맛이 오른 무의 모서리를 모난 곳 없이 둥글게 손질하는 시간을 좋아한다. 흥겨운 기분이 날 정도로 그 시간을 좋아해, 혼자 식탁에 앉아 시간을 들여 손질한다. 그러고 나면 올망졸망 동그랗게 손질한 무가 늘어선 모습이 귀여워 마음이 뿌듯해지며 만족스럽다. 둥글게 손질한 무를 익혀 따뜻하게 먹을 때면 마치 둥근 보름달을 먹는 기분이다.

둥글게 손질한 무를 익혀 따뜻하게 먹을 때면
마치 둥근 보름달을 먹는 기분이다.

말린 무 밥

입안을 맴도는 여운이 좋아서 그냥 무보다는 조금이라도 말린 무로 밥을 짓곤 한다. 말리는 시간이 길어질수록 크기는 줄고 단맛이 올라오니까, 남은 무 조각들은 그대로 채반에 두고 좀 더 공기와 볕을 먹인다. 언젠간 냉장고에서 오랜 시간 추위하고 있던 무를 버릴까 말까 고민하다 툭툭 썬 다음 적당히 말려 밥에 넣었는데 수분이 날아가 말콩해진 무는 정말 잊을 수 없는 맛이었다. 무를 버리지 않아 기분도 좋아졌던 기억이랄까, 아 다행이다, 내가 그 무를 버리지 않아서 이런 밥을 먹는구나! 하는 뿌듯함.
그때부터 시든 무도 바로 버리지 않고 툭툭 썰어 볕에 말리곤 한다. 크기가 줄어들고 단맛이 응축된 말린 무와 수분을 빼고 얼린 두부로 조림을 하면 정말이지 간이 쏘옥쏘옥 배었다는 말이 무엇인지 입안에 넣자마자 알 수 있을 것이다. 하루 지나서 먹으면 간이 더 쏙 배니까 그야말로 으아아…

재료 (2인분)
반나절 말린 무 60~80g, 쌀 200g, 물 200ml, 간장 1큰술, 들기름 1큰술, 들깨 가루

만드는 법
① 쌀을 씻어 채반에 둔다. 빨리 짓고 싶으면 쌀을 씻는 시간을 조금 늘린다.
② 쌀과 동량의 물, 말린 무, 간장, 들기름을 넣고 밥을 짓는다.
③ 들깨 가루를 뿌려 먹는다.

작은 팁
- 무를 말리는 시간에 따라 수분도가 다르므로 건조 상태에 따라 물의 양을 조절한다. 아주 많이 말려 단단해졌으면 물에 불린 뒤에 짜서 사용한다.

간 무 덮밥

한동안 밤마다 야식을 먹었더니 그새 손발이 차갑고 아침에는 속이
쓰리고 목도 칼칼해서, 내일은 늦잠을 자고 일어나 무를 부드럽게 만들어
잔뜩 먹어야지 생각하며 잠들었다. 일어나선 따뜻한 물 한 잔. 무를 가만
바라보며 어떻게 먹을지 고민했다.

나는 부드러운 무가 먹고 싶어.
나는 순한 무가 먹고 싶어.
나는 따뜻한 무가 먹고 싶어.

여러 가지 생각을 종합해보다가, 익혀서 순해진 무를 부드러운 질감으로
한가득 먹고 싶다는 결론. 즉흥적으로 무를 강판에 갈아 버터와 함께
익혀서 밥 위에 얹어 먹었는데 무척 맛이 좋고 속이 편안했다. 진분홍색이
선명한 수박무로 만들었더니 눈도 즐겁다.

재료 (1인분)
무 1/4개(200g), 밥 1인분, 물 2큰술, 버터 15~20g, 다시액 1큰술, 소금

만드는 법
① 무를 강판에 갈아 즙까지 함께 팬에 올려서 물과 버터, 다시액, 소금을 넣고
　 익혀준다.
② 밥 위에 듬뿍 올려 먹는다. 버터는 취향껏 좀 더 올려도 맛있다.

무 수 프

엄마가 챙겨주신 소고기 뭇국 덕분에 먹게 된 무 수프. 속재료를 꽉꽉 담아주신 뭇국을 몇 날 먹다 보니 소고기는 다 없어지고 무와 국물만 남은 적이 있다. 마침 뭇국이 슬슬 질리기도 해서 햇반을 넣고 갈았더니 부드럽고 정말 맛있는 수프가 되어서, 그때부터 종종 해 먹고 있다. 양파와 무를 아린 맛 없이 달래며 뭉근하게 끓인 무 수프는 몸을 둥글게 안아주는 맛이다. 아침이나 저녁에 가볍게 먹기에도 좋고, 피곤할 때 먹으면 몸을 편안하게 만들어준다. 소화가 안 될 때도 무 수프에 우메보시 한 알을 넣어 먹으면 얼마나 개운한지 모른다.

재료 (2인분)
무 1/2개(약 600g), 작은 사이즈 양파 1개(250g), 밥 2큰술, 닭 육수 1000ml, 현미유, 소금, 참기름

만드는 법
① 무는 나박 썰고, 양파는 채 썰어준다.
② 깊은 팬에 현미유를 두르고 채 썬 양파를 갈색빛이 돌 때까지 7~8분 볶는다.
③ 얇게 나박 썬 무를 더해 1~2분 뒤적이며 볶는다.
④ 밥과 닭 육수를 넣고 15분 정도 끓인다.
⑤ 소금으로 간을 맞춘 다음 핸드 믹서로 갈아준다.
⑥ 그릇에 담고 참기름을 조금 뿌려 마무리한다.

작은 팁
- 닭 육수 대신 다시마 육수나 채수, 양지머리 육수 등도 좋다.
- 통조림 병아리콩을 함께 갈면 더 고소해지고 포만감도 더해진다.
- 우유나 생크림을 조금 넣으면 더 부드러워진다.
- 커민을 살짝 뿌려도 이국적이고, 유자 같은 시트러스 과일의 껍질을 갈아 올려도 산뜻하다.

무청

날씨가 갑자기 추워지면서 무에 대한 기대감이 높아져 무려 세 군데의
농장에서 여러 종류의 무를 받고 말았다. 지금부터 한참 동안 겨울 무를
즐길 수 있는데도 설렘이 앞서서 양 조절에 실패해버린 것이다. 바쁜
주간이어서 손질하기 귀찮아 며칠 미루고 늦잠을 자다가 갑자기 벌떡
침대에서 뛰쳐나와 무를 정리했다. 칼도 쓰고 도마도 사용하며 무를
만지니 마음까지 정돈되는 기분이었다. 하얀 무, 보라 무, 사탕무, 래디시,
순무… 어떤 요리를 해 먹을까 설레기 시작하고, 무와 함께 가득 생긴
무청은 보너스 같은 기쁨을 준다.

래디시니 순무니 하는 무의 종류와 상관없이 한데 모은 무청이 한가득.
커다란 냄비에 소금을 넉넉히 넣고 물을 끓여 나긋해질 때까지 5분 정도
데쳐서 정리했다. 오늘 김밥으로 말 분량은 제외하고 나머지는 찬물에
담가 냉장고에 보관했다. 예전엔 데친 무청의 물기를 제거해서 옷걸이에
말리기도 했는데, 그래 봤자 잘 말린 시래기만은 못한 데다 말리지 않은
부드러운 무청이 주는 기쁨은 구수한 시래기랑은 또 달라서, 무에 딸려 온
무청이 생겼을 때는 데쳐서 먹고 시래기는 따로 주문한다.

무청 김밥

멸치 육수에 된장을 풀어 자작하게 지진 다음 적당히 물기를 짜서 준비한 무청이 오늘의 주인공. 밥은 소금, 들기름, 참기름, 들깨 가루를 넣어서 밥만 먹어도 충분히 맛있도록 간을 한다. 무청만 가득 넣거나 계란말이를 추가하는 정도로 말기 때문에 보통 사이즈 김밥 김이라면 가위로 세로를 조금 잘라서 사용하는 편이 꼭 맞아떨어진다. 나는 무청을 아주 듬뿍 넣는 편이어서 세로를 4cm 정도 잘라 사용한다. 꼬마김밥 사이즈로 먹고 싶다면 김을 반으로 잘라 말면 된다.

맛이 좋고 속이 편해서 그 많은 무청을 모조리 먹어버리겠다는 욕심까지 생기는데, 무청 김밥 하나로 묘한 성취감마저 느낀다는 것이 더없이 즐겁다.

무청 된장
숏파스타

밥이랑도 잘 어울리지만, 아니 밥이랑도 잘 어울리니까 파스타랑도
어울릴 것 같아서 찬물에 담가 냉장고에 넣어둔 무청을 꺼내 파스타를
만들어 먹었다. 역시 무청은 여러 가지로 만들어서 맛있게 금방 다
먹어버리니까 냉동하거나 말려둘 시간이 없다.

병아리콩 육수에 된장을 풀어 숏파스타를 삶다가 간장과 간 마늘,
들기름을 조물조물한 무청을 넣어서 같이 지져주었다. 마무리는 들기름과
들깨 가루를 듬뿍, 오랜만에 홍고추도 있어서 넣어주었다. 시래기
지짐을 생각하며, 된장찌개를 생각하며, 파스타를 생각하며 어느새
완성된 요리는 생각보다 더 구수하고 무척 맛있었다. 구수한데 맛있는
파스타라니, 한국인이라면 절대 싫어할 수 없는 맛이다. 숏파스타 면에
구수한 병아리콩 육수와 된장 맛이 쏙 배어든 데다 무청도 함께하니
즐겁고 속도 편해서 참 좋다.

8
채소 스케치

: 파프리카, 비트, 오이

익숙한 채소에서 새로운 매력을 발견한 날이면 하루 종일 기분이 좋다. 생각해보면 이런 순간은 손님 접대를 하거나 가게에서 요리를 할 때보다, 나 혼자 맛있으면 기쁘고 실패하면 그만이라는 생각으로 자유롭게 집밥을 할 때 주로 찾아온다.

편안한 마음으로 그려보는 요리 스케치. 이렇게 해마다 나의 마음속 서재에 쌓아두면 다음번 그 계절이 찾아왔을 때 즐거운 마음으로 꺼내어 맛볼 수 있겠지. 그동안 조금씩 쌓인 여러 가지 채소들의 활용법을 소개한다.

파프리카

파프리카를 오븐에 구우면 기분 좋은 단맛과 부드러운 식감이 일품이다.
꼭지를 위로 두고 200도 오븐에 50~60분 구워 껍질을 벗기면 끝!
올리브오일에 마리네이드 해둬도 무척 좋지만, 절이지 않아도 냉장고에서
일주일 정도는 거뜬하게 보관할 수 있다.

샌드위치 사이에 끼워넣으면 고급스러운 킥이 된다. 또한 구운
파프리카와 무첨가 땅콩 버터와 소금을 함께 갈아주기만 해도 레이어를
갖춘 꾸덕한 소스가 된다. 빵에 곁들여도, 구운 채소 딥으로도 좋다.
원하는 어디든 듬뿍 찍어 먹기! 소스에 마요네즈를 조금 더해서
찐 감자에 찍어 먹어도 맛있다.

구운 파프리카를 더한
햄 치즈 샌드위치

햄 치즈 샌드위치는 그 단순한 맛이 좋아서 별다른 것을 더하지 않고 만드는 편인데, 구운 파프리카만큼은 예외이다. 구운 파프리카의 풍미와 단맛이 햄 치즈 샌드위치의 맛을 고급스럽게 끌어올려줘서 추천하고 싶다.

식빵 사이에 치즈와 햄, 구운 파프리카를 넣은 다음 샌드위치 그릴에 넣어 200도로 예열한 오븐에 15분 구워주면 끝. 식빵 한쪽 면에 마요네즈를 발라줘도 좋고, 굽는 시간도 취향에 따라 조절할 수 있다. 샌드위치 그릴이나 파니니 그릴이 없으면 일반 팬에 오일이나 버터를 두른 뒤 재료를 차례대로 올리고 무거운 뚜껑으로 눌러 양쪽을 익혀주면 된다.

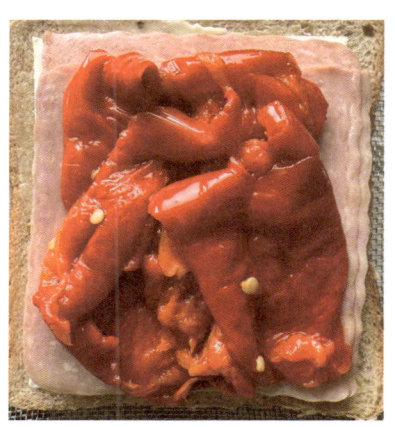

비트

파프리카를 오븐에 굽는 날이면 보통 비트도 함께 구워두고 요긴하게 사용한다. 구운 비트는 은은한 단맛이 나고 투명하게 해석된 찐 밤 맛도 떠오른다. 깨끗이 씻은 다음 껍질째 잘라서 종이 호일에 감싸 180도로 예열한 오븐에 50분 정도 굽는데, 꼬치로 찔러보고 쑥 들어가면 다 익은 것이다.

물론 비트는 생으로도 다양하게 즐길 수 있다. 샐러드나 살사 재료로 훌륭해서, 큐브로 잘라 소금을 약간 뿌리고 레몬즙을 짜주는 것만으로도 상큼한 샐러드가 된다. 예쁜 색감을 살려서 콩국수에 조금 갈아넣으면 사랑스러운 분홍색 콩국수 완성!

비트 토마토
샐러드

대저토마토와 구운 비트, 오렌지와 민트의 조합이 무척 상큼하고 맛있다. 빨강, 보라, 주황, 노랑, 초록까지, 재료들의 색 조합도 그 맛만큼이나 아름답다. 각기 다른 식감까지도 매력적인 샐러드.

재료(1~2인분)
대저토마토 2~3개, 구운 비트 1/2개, 오렌지 1개, 올리브오일, 소금, 애플 민트

만드는 법
① 대저토마토를 크기에 따라 4등분 혹은 8등분 하고, 비트도 비슷한 크기로 자른다.
② 오렌지의 1/4은 즙을 내어 사용하고 나머지 과육은 속껍질까지 벗겨 준비한다. 겉껍질은 그레이터로 갈아 제스트로 만들어준다.
③ 볼에 토마토와 비트, 오렌지 과육을 담고 오렌지즙, 올리브오일, 소금 한 꼬집을 넣어 잘 섞어준다.
④ 오렌지 제스트와 민트로 장식한다.

비트 채소
살사

채소를 되도록 많이 섭취하려고 하지만 아침마다 생 채소를 먹는 게 부담되기도 하고 아침을 거를 때도 있으니까 매일 신선한 샐러드 채소를 집에 갖춰놓는 일은 쉽지 않다. 이럴 때는, 한번 만들어놓으면 일주일 내내 보관하며 먹을 수 있는 채소 살사가 요긴하다. 한 통 만들어놓으면 루콜라 같은 잎채소 샐러드 위에 올려도 어울리고, 빵이나 밥, 고기 요리에 곁들여 먹으면 소화도 잘될 뿐 아니라 눈으로 보기에도 예쁘고 무엇보다 맛도 좋다. 몸에 좋은 익힌 당근, 아삭아삭한 연근, 은은한 단맛이 착 감기는 비트… 각 채소의 식감을 살려 조리한 다음 시트러스와 소금으로 한데 묶어 먹는 기쁨. 계절마다 제철 채소를 활용해 다양한 변주로 자기만의 채소 살사를 만들어보시길 추천한다. 분명 일상에 작지만 확실한 기쁨, 활력이 생길 것이다.

재료(2~3인분)
비트 1개, 연근 1개, 당근 1개, 오렌지 1개, 완두콩, 레몬, 파슬리, 올리브오일, 소금, 후추

만드는 법
① 비트를 종이호일에 싸서 200도로 예열한 오븐에 50분 정도 구워 큐브 모양으로 자르고, 연근과 당근도 같은 크기로 잘라준다.
② 끓는 물에 소금 약간과 당근을 넣어 3분 익힌 후 연근까지 넣고 1분 더 익혀준다.(익힘 정도는 취향에 따라)
③ 오렌지는 속껍질까지 제거하고, 즙이 생기면 모아둔다.
④ 껍질을 벗긴 완두콩을 끓는 물에 3분 정도 데치고 물에 그대로 두었다가 적당히 식으면 건져낸다.
⑤ 레몬으로 즙을 짜두고 파슬리는 다져준다.
⑥ 모든 재료를 볼에 넣고 잘 섞어준다.

오이

생으로 먹으면 청량하고, 소금을 뿌려 꼭 짜면 오독오독하고, 살짝 말리면 꼬들꼬들한 오이.

집에 별다른 재료가 없는 날이면 오이를 슬라이서로 슥슥 잘라서 소금을 한 꼬집 뿌려 내버려두었다가 꼭 짜서 반찬으로 먹기도 하고 밥에 섞어 먹기도 한다. 자주 먹다 보니 친근해서일까? 새로운 조합의 오이 요리를 했을 때(도 어김없이) 맛이 좋으면 다른 채소들의 팁을 발견했을 때보다 더 기분이 좋다.

오이 토마토
낫토장 비빔밥

오이와 완숙토마토, 낫토를 한데 모아 섞어주면 낫토의 점성으로 재미있는 식감이 만들어진다. 여기에 미소와 참기름을 섞어 만든 양념장, 그리고 들기름에 지진 계란프라이를 얹으면 기분 좋은 여름 식사가 된다. 불을 쓰지 않아 산뜻하고, 낫토나 미소 같은 발효 요소들로 인해 소화도 잘된다. 낫토장에 토마토와 오이를 기본 베이스로 삼아 오크라나 꼬들꼬들한 단무지, 참치캔 등등 여러 재료를 더해보는 재미도 있다.

재료 (2인분)
오이 1/2개, 토마토 1개, 청양고추 1개, 낫토 1팩, 밥 2인분, 미소 1큰술, 참기름 1작은술, 올리브오일 1작은술, 물 1작은술

만드는 법
① 낫토는 젓가락으로 휘휘 저어 점도를 더한다.
② 미소, 참기름, 올리브오일, 물을 더해 소스를 만들어 낫토와 섞어준다.
③ 오이와 토마토를 작게 깍둑 썰고 청양고추는 다진다.
④ 잘 지은 밥 위에 모두 올리고 취향에 따라 계란프라이를 더해준다.

오이 비지
샌드위치

보드라운 비지를 감자 대용으로 넣은 샌드위치. 오이를 소금에 절인 다음 꼭 짜서 아작아작한 식감을 살리고, 자칫하면 텁텁할 수 있는 비지의 식감은 그릭요거트와 마요네즈로 보완했다. 질 좋은 올리브오일을 듬뿍 뿌려도 굉장히 잘 어울린다. 경양식 느낌이 나서 보기에도 귀엽다.

계란이나 감자를 으깬 사라다류를 가득 넣은 샌드위치는 굽지 않은 보송보송한 질감의 식빵을 선호하고, 괜시리 식빵의 끝면을 잘라 단정하게 만들어주고 싶다. 맛있게 본편을 먹어 치운 뒤 남은 사라다와 식빵 끄트머리는 별책부록이다.

재료 (1~2인분)
오이 1/2개, 식빵 2장, 비지 80g, 슬라이스 햄 2장, 마요네즈 1큰술, 그릭요거트 1큰술, 머스터드 1작은술, 올리브오일 1큰술, 소금, 후추

만드는 법

① 오이를 칼이나 슬라이서로 얇게 썰고 소금을 솔솔 뿌린 뒤 5~10분 뒤에 꼭 짜낸다.
② 비지와 마요네즈, 그릭요거트, 머스터드, 올리브오일, 소금, 후추를 잘 섞어준다.
③ 쫑쫑 썬 슬라이스 햄과 오이도 넣고 잘 섞어준다.
④ 식빵 사이에 ③을 잘 채우고 식빵 끄트머리 부분을 칼로 제거해 샌드위치를 완성한다.

작은 팁
- 식빵 안쪽에 마요네즈를 얇게 발라도 맛있다.
- 그릭요거트와 마요네즈 비율은 취향에 따라 조절한다.

여름 채소
청국장 덮밥

파프리카, 비트, 오이 외에도 싱그럽고 맛있는 채소들은 너무 많다.
그 많은 채소들을 어떻게 또 맛있게 먹을 수 있을까 고민하다 다양한 여름
채소를 가볍게 찌고 청국장을 더해보았다. 채소들을 정성껏 손질하며
예쁜 단면들을 살펴보기 좋고, 불을 쓰긴 해도 조리법이 단순해 덥지 않다.
청량한 색감과 기본 청국장찌개보다 산뜻한 맛에 기분 전환이 되고, 특히
풋고추가 기분 좋은 열감을 줘서 힘도 난다. 보리밥 위에 따뜻하게 올려도
맛있고, 남은 건 차갑게 보관했다가 상추와 함께 싸 먹어도 맛이 좋다.

재료 (2~3인분)

불린 건 표고버섯 3개, 작은 사이즈 감자 1개, 돼지호박 1/2개, 가지 1/2개,
방울토마토 7개, 양파 1/4개, 오크라 2개, 풋고추 4개, 홍고추 1개, 마늘 1쪽,
표고버섯 우린 물 160ml, 된장 1큰술, 청국장 150g, 소금 1/2작은술, 들기름 2큰술

만드는 법

① 표고버섯, 감자, 돼지호박, 가지, 방울토마토, 양파, 오크라를 0.7cm 크기
   큐브로 썰고, 풋고추와 홍고추는 잘게 다지고, 마늘은 편으로 썬다.
② 냄비에 오크라를 제외한 모든 채소와 소금을 넣고 표고버섯 우린 물 140ml를
   부은 다음 뚜껑을 덮어 약불로 10분 익힌다.
③ 표고버섯 우린 물 20ml에 된장을 풀어준다. 청국장도 손으로 잘 뜯어준다.
④ 냄비에 ③을 넣어서 잘 섞고 오크라를 넣은 뒤 약불로 5분 더 익힌다.
⑤ 그릇에 밥을 담고 ④를 올린 다음 들기름을 듬뿍 둘러 마무리한다.

작은 팁

- 짜지 않은 청국장 기준이며, 청국장 염도에 따라 된장을 가감한다.
- 표고버섯 불린 물로 원하는 농도를 조절한다.
- 보리밥이 없다면 끓는 물에 20분 삶은 보리를 즉석밥에 섞어줘도 좋다.
- 좋아하는 채소를 더 많이 넣어도 된다.

9
제주도의 맛

: 할머니가 엄마에게, 엄마가 나에게

제주도가 외가였던 나는 초등학교 시절 여름방학이면 부모님과
떨어져 제주도 외할머니네서 지내곤 했다. 그래서 유년 시절의
여름을 떠올리면 언제나 제주에서 할머니, 할아버지와 보낸
평범한 일상이 그려진다.

외갓집 거실에 있던 등나무 소파에서 뒹굴거리며 듣던 천둥 번개
소리, 두툼한 델몬트 주스병에 담아 냉장고에 넣어둔 차가운
결명자차, 할머니와 바다에 가서 캐 왔던 보말을 하루 종일
손질하던 기억들…

그리고 제주도 메밀과 푸른 독새기콩을 담은, 외할머니에게서
엄마에게, 엄마에게서 나에게로 전해진, 정말 사랑해 마지않는
음식이 오롯이 내 손에 남았다. 더하여 나의 집밥 패턴에 꼭 맞춰
엄마가 알려준 작은 사이즈의 깍두기와 청순한 오이지를 더하면
할머니와 엄마와 나의 입맛 음식이 완성된다.

메밀 무 전병

"엄마, 할머니 빙떡 레시피 좀 카톡으로 보내줘."

내가 사랑하는 제주의 하얀 맛이 두 가지 있다. 그중 하나는 외할머니의 제주 빙떡이다. 진짜 얇은 메밀 옷에 겨울 무를 가득 넣어서 도르르 돌린다. 슴슴하니 아무것도 아닌 맛 같아도 계속해서 하염없이 들어가는 맛. 부치면서부터 앉은 자리에서 거짓 없이 열 개씩 들어간다. 서늘한 베란다에 보관해두고 '안 되는데 그만 먹어야 하는데' 하며 오며 가며 집어 먹고 집어 먹는 그런 맛. 제주에 사는 이모가 보내준 제주 메밀로, 박명순 스텔라, 나의 외할머니에게 익힌 우리 엄마의 메밀 전병, 우리 집 입말 음식.

재료 (1인분)

무 1/2개, 메밀 가루 100g, 파, 소금, 참기름, 후추, 계란 1개, 현미유

만드는 법

① 무를 적당한 크기로 채 썬 다음 냄비에 물을 조금 붓고 살짝 투명해질 정도로 익힌다.
② 송송 썬 파를 넣고 섞어주다가 채반에서 물기를 뺀다.
③ 무나물에 소금, 참기름, 후추를 넣고 무친다.
④ 메밀 가루와 물, 계란을 섞어 아주 묽게 반죽한다. 반죽이 주루룩 흐를 정도로.
⑤ 프라이팬에 현미유를 두르고 가열되면 자투리 무로 살짝 닦아내고 더이상 기름은 쓰지 않는다.
⑥ 약불로 줄인 다음 작은 국자로 반죽을 프라이팬 중앙에 놓고 회오리치듯이 얇게 펼쳐 앞뒤로 부친다.
⑦ ⑥에 무나물을 적당량 올리고 말면서 양쪽 끝을 살짝 눌러준다.

메밀 조배기

구수한 메밀이 투박하게 들어 있는 따뜻한 미역국은 할머니와 엄마가 자주 해주시던 음식이다. 어른이 되고 나서는 잘 볼 수 없어서, 막연하게 할머니의 창작 메뉴라고 생각해왔는데, 언젠가 엄마랑 대화하다가 메밀 조배기(저배기)라는 제주의 전통 음식이라는 것을 알게 되었다.
엄마는 결혼하면서 형제들 중 혼자만 서울에 터전을 잡았지만, 나를 제주도에서 낳아서 외할머니가 산후조리를 해주셨다고 한다. 당시 할머니가 가장 많이 해주신 국이 바로 내가 메밀 미역국이라 불렀던 제주 조배기이다. 반죽 숙성 시간도 짧아 만들기도 어렵지 않다. 온몸이 따끈해지는 순박한 맛. 메밀이 풀리며 뽀얘진 국물에 다정한 추억이 가득 담긴 음식이다.

재료 (2인분)
메밀 가루 150g, 소금 1/2작은술, 물 150ml, 미역 12~15g, 멸치 육수 800ml, 간장 1큰술

만드는 법
① 메밀 가루와 소금을 함께 체 친 뒤 물을 넣고 잘 섞어 10분 정도 둔다.
② 불린 미역을 흐르는 물에 깨끗하게 씻어 꼭 짜고 먹기 좋은 크기로 썰어준다.
③ 냄비에 멸치 육수를 넣고 끓으면 ①을 조금씩 뜯어 넣고 5분 정도 익힌다.
④ 미역과 간장을 넣고 한소끔 끓으면 마무리한다.

작은 팁
- 기호에 따라 까나리 액젓을 조금 넣거나 참기름을 둘러도 맛있다.
- 계란을 풀지 않고 또르르 넣어 수란처럼 익혀 먹으면 단백질 보충에 좋다.

메밀 반죽을 따로 하지 않는 메밀 미역국
주르르 흐를 정도로 묽은 메밀물을 마무리에 풀어주고 4~5분 정도 더 끓이면 메밀 향이 구수하고 점도가 있는 메밀 미역국이 되는데, 무척 맛이 좋다!

제주식
독새기콩국

제주 이모가 독새기콩 가루를 보내주었다. 독새기콩은 제주의 토종콩으로 제주에서는 된장을 담글 때 장콩으로 사용한다. 초록빛이 어여쁘고 동글동글 귀여운 모양새가 계란을 닮았다 하여 계란의 제주 방언 독새기라는 이름이 붙었다. 저번 날 엄마와 제주에 갔을 때 시장에서 독새기콩 가루를 찾아보았지만 허탕을 쳤는데, 이모가 구해서 보내주신 것이다. 외할머니가 엄마에게 입말로 알려주신 제주식 콩국은 내가 좋아하는 제주의 하얀 맛 두 가지 중 하나이다.

겨울 무와 봄동이 가득 들어가는, 담백하고 우아한 콩 맛, 청순한 고소함이 아름다운 맛. 몽글몽글 뭉쳐 익은 보드라운 콩이 제법 든든해서 수프처럼 단독으로 먹어도 좋은 제주식 콩국. 고소하다는 말 말고 더 하얗고 투명한 단어를 찾고 싶은데 뭐가 있을까? 메밀 전병과 함께, 나의 외할머니에게 익힌 우리 엄마의 제주식 콩국. 또 하나의 우리 집 입말 음식.

재료 (2인분)

콩가루 100g, 무 1/4개(200g), 봄동 1/2단, 멸치 육수 600ml, 소금, 대파, 홍고추

만드는 법

① 무를 굵게 채 썰고 봄동도 먹기 좋게 자른다.
② 무를 멸치 육수에 넣어 한소끔 끓인 후 소금으로 간을 하고 봄동을 넣는다.
③ 콩가루를 물에 섞어 되직한 농도의 콩반죽을 만든다.
④ 끓고 있는 육수에 큼직하게 콩반죽을 떠서 흘려 넣고 마지막에 어슷 썬 대파와 홍고추를 넣는다.

작은 팁

- 콩국물은 휘젓지 않아야 몽글몽글 순두부 같은 식감으로 완성된다.
- 너무 뜨거울 때 말고 조금 식었을 때 콩의 맛이 완연히 느껴진다.

10

좋아하는 겨울 맛에 대한 단상

: 강굴, 우동, 시금치, 김, 포토푀

겨울이라는 한 계절 안에 지난해 그리고 새해가 모두 담겨 있는 건 매년
신기하고 새롭게 느껴진다. 각자의 삶에 바쁘다 한 해가 넘어가기 전에
보고 싶었던 얼굴들을 마주하며 마음으로 느끼는 따뜻함도 있고, 코끝이
시린 추위를 피해 온기 있는 음식을 찾다 보니 입으로 따뜻하다는 말을
가장 많이 하는 계절이기도 하다.

평소보다 부쩍 늘어난 약속들로 외식이 잦은 계절, 겨울의 집밥은
이 계절에 더욱 빛나는 재료들로 요령껏 단순하게 해 먹으면서 몸과
마음을 따뜻하게 만들어주는 요리들이 대부분이다.

따뜻해, 겨울.

천수만 강굴

첫눈, 첫 굴 그리고 첫 굴.

매 겨울마다 기다리는 맛, 천수만 강굴이 도착했다. 침착하고 싶지만 이미
설레는 마음 한가득… 몇 개는 살살 씻어 주방에 서서 바로 맛본다.
아, 이 맛이다. 뽀얗고 짜고 시원해서 끝내주는 강굴의 맛에 들뜬다.
끝으로 감도는 단맛이 채 가시기 전에 다시 새 굴을 입에 털어넣게 된다.

여러 가지 종류의 굴을 실컷 먹을 수 있는 것이 한국 겨울의 기쁨 중
하나라고 생각하는데, 그중 천수만 강굴은 매해 겨울, 가장 즐겨 먹는
굴이다. 천수만 간월도 인근에 위치한 굴 서식지는 바닷물과 민물이
만나고 조류가 특히 강한 곳이라고 한다. 영양분이 풍부한 바다 환경에서
자란 굴은 뽀얀 우유 맛이 나고 작은 체급 속에 미네랄을 듬뿍 머금고
있다. 몇 년 전 처음 천수만 강굴을 맛보고 깐 굴에서 느끼기 힘든 깊은
맛에 감탄해 선장님과 대화를 나누었다. 하나하나 손수 탈각해야 하는
천수만 강굴은 동네 할머니들께서 겨울 돈벌이로 삼으신다고 한다.
알알이 작은 굴에 얼마나 손을 많이 쓰실까. 그분들 덕분에 깨끗하게
손질된 굴을 받아 겨울의 맛을 만끽할 수 있음에 진심으로 감사하고,
단 한 번도 남긴 적 없이 완전하게 즐기면서 먹고 있다.

손질해서 바로 보내주시는 굴임에도 무척 맛있으니까, 언젠가는 껍데기가
붙어 있는 굴을 직접 손질해서 먹어보고 싶은 마음도 생기고 있다.
봉지굴이나 껍데기채 유통되는 굴과는 맛의 깊이가 다를 테니까… 바로
손질한 강굴은 더 맛이 좋겠지? 그렇지만 껍질을 깐 다음 보내준 굴의
맛이라고 하기 어려운 강굴의 수려함과 손쉬움은 춥고 긴 겨울이 그래도
즐거운 이유 중 하나인 걸. 사실 지금 이 자체로도, 충분하다.

아무튼, 주방에 선 채로 생굴을 실컷 먹으니 익어서 보송해진 굴도 잔뜩
먹고 싶어서 지름 14cm의 작은 냄비를 꺼낸다. 나 혼자 먹기 가장 좋은
사이즈의 냄비에 올망졸망 선별한 재료들을 채워 먹는 기쁨. 두부도
버섯도 있었지만, 오늘은 굴이랑 무, 그리고 남해 시금치만 집중해서
즐기고 싶으니까 이번엔 끼워주지 않았다.
멸치 육수에 모난 부분 없이 손질한 무를 먼저 넣어 끓이다가 강굴을
도톰하게 쪼르르 넣어 말캉하게만 익힌다. 통통한 굴이 가득한 국물에
가는 대파의 하얀 대를 잔뜩 올리면 바라보는 내 눈까지 깨끗해질 것
같아서… 파의 청순한 하얀 부분을 결대로 썰 때만 정성스러운 시늉을
해본다.

겨울 무, 겨울 굴의 맛과 향이 가득 퍼진 멸치 육수는 정말 최고다. 추운 겨울 길거리 곳곳에 오뎅 국물처럼 굴 국물을 파는 포장마차가 있었으면 좋겠어. 정신없이 반쯤 먹다가 좋아하는 소면도 삶아 냄비에 넣어 호사를 쭉 만끽한다. 이쯤 되면 국물은 더 깊고 깊어져서 점점 더 감탄하게 된다. 반쯤 먹다가 냄비 한켠에 톡 깨넣어 가만 익힌 반숙 계란을 터뜨려 국물과 살짝 섞어서는 녹진함도 챙기고 한숨 돌리기.

굴을 가득 먹어서 기쁘고 온몸 곳곳이 빠짐없이 따뜻해, 먹고 난 후에는 거짓말처럼 마음까지 따스해진다.

우동과 계란

우동을 좋아한다. 특히 겨울에 먹는 우동.
면수를 버리지 않고 함께 그릇에 담아 따뜻함이 유지되는 탱글탱글한
면을 간장에 찍어 먹는 것도 좋아하고, 슴슴한 면수에 간장을 조금 풀어
마시는 마무리 과정도 기분 좋다.

그런가 하면 면발만을 건져 계란과 버터를 올려 먹는 경우는 더욱 잦다.
김이 모락모락 오르는 잘 삶은 우동 면 위에 조심히 깨서 흘리듯 놓아두는
온천 계란. 몽글한 하얀 형태는 '면'으로 여겨지고 우동 면은 '선'으로
여겨진다.
 그리고 선(우동)에 스며 들어가는 도톰한 연미색 버터 조각을 보고
있으면 시간이 눈에 보이는 느낌이다. 본새가 아름다운 하얀 것들이 모여
있는 장면이 어여뻐 가만히 한없이 쳐다보게 된다. 뭉클하게 익은 흰자
너머 슬쩍 비치는 노랑도 고와 어쩐지 고명 올리는 것을 미루게 되는
시간.

얇게 썬 실파, 김과 가쓰오부시, 소금, 참깨 등 좋아하는 고명을 올리고
쯔유를 둘러 비빔국수처럼 반절을 먹다가 면수를 더해 즐기면 맛이 더
좋다.

시금치 : 겨울의 빛나는 초록 활기

겨울, 차가운 바람을 맞고 단맛이 오를 대로 오른 남해의 시금치는 별다른 양념 없이 살짝 데치기만 해도 황홀한 겨울의 선물이 된다. 부드럽고 달콤한 잎은 물론이고 분홍색이 은은하게 그라데이션 된 뿌리는 정말 보물 같은 맛이다.

시금치 닭가슴살 완자
계란 수프

시금치가 가득 들어간 닭가슴살 완자는 예쁜 색감에 부드러운 식감을 지녔다. 몽글몽글한 계란 수프와 잘 어울리는 짝꿍이다. 닭가슴살을 사용하니 단백질도 풍부하기 때문에, 간을 조절해 아이를 위한 메뉴로 활용해도 좋을 것이다.

재료 (완자 10개)

닭가슴살 100g, 시금치 70g, 양파 20g, 빵가루 4큰술, 소금 1작은술, 멸치 육수 400ml, 계란 2개(계란물)

만드는 법

① 닭가슴살을 1~2cm 크기로, 시금치는 적당히 잘라 블렌더로 갈아준다.
② 거기에 잘게 다진 양파와 빵가루, 소금을 넣고 잘 섞어 동그랗게 완자를 만든다.
③ 냄비에 멸치 육수를 붓고 끓어오르면 완자를 넣고 5분 정도 익힌다.
④ 불을 끄고 계란물을 조심스럽게 부어 가만히 익힌다.

작은 팁

- 시오코우지에 재운 닭가슴살(249쪽 참고)로 만들면 더 부드럽다.

시금치
새우 완탕

새우를 칼로 다져 식감을 살리고 생강과 대파를 듬뿍 넣어 만든 통통한 새우 완자와 달큼하고 부드러운 제철 시금치의 조화가 좋은 완탕이다. 녹두 당면을 조금 더해주어도 아주 잘 어울린다.

재료 (2인분)

시금치 30~40g, 새우 살 200g, 대파 흰 부분 20g, 다진 생강 1작은술, 소금 1/2작은술, 감자 전분 2작은술, 멸치 육수 400ml, 후추

만드는 법

① 손질한 새우 살, 대파를 각각 칼로 다진다.
② 새우 살, 대파, 다진 생강, 소금, 감자 전분을 넣고 치댄 다음 도톰하게 완자를 빚는다.
③ 멸치 육수가 끓어오르면 완자를 넣고 7분 정도 익힌다.
④ 손질한 시금치를 넣고 30초 정도 후에 불을 끄고 후추를 뿌려 마무리한다.

작은 팁

- 완자 형태를 잡는 것이 어렵다면 전분 양을 조금 늘려도 좋다.

겨울 김

김을 정말 좋아해서, 그러니까 생각보다 김을 정말 많이 먹는다.
겨울엔, 특히 차가운 날씨에, 바삭하게 구운 김을 먹는 느낌이 더
좋아진다. 좋아하는 곱창김이 출시되는 날을 기다리다 드디어 김을
받으면, 생각날 때마다 구워 먹어서 넓은 팬이 늘 가스레인지에 올려져
있는 몇 날 며칠도 있다.
밤에 간단하게 맥주 한 캔 마시고 싶을 때는 무가미 김을 몇 봉지씩
해치운다. 햇반을 후루룩 돌려 바삭바삭한 조미김 한 통을 놓고 뚝딱
비우는 식사도 좋아한다.
친구들과 좋아하는 김 정보를 공유하고, 새로 알게 된 맛있는 김을 나눠
먹기도 하며, 외국 친구들의 선물로는 노상 김을 준비한다. 그 자체로 이미
완벽한 김이지만, 맛있고 간단한 레시피 몇 가지를 담아본다.

곱창김
크림치즈 토스트

곱창김과 맛있는 크림치즈를 섞어 식빵에 바르기만 하면 되는 간단한 메뉴이다. 곱창김을 불려야 하나 고민했는데 김 무침도 양념장에 서서히 부드러워지는 것에 착안해서 불리는 대신 구워서 갈게 되었다.
한번 만들어놓으면 편하게 먹을 수 있으니 크림치즈 한 통을 다 써서 페이스트로 만들어두고 간단히 빵만 구워 발라 먹는 것을 추천한다.

재료

크림치즈 125g, 곱창김 2장, 식빵, 소금

만드는 법

① 곱창김을 구운 다음 잘게 찢어서 핸드 믹서로 갈아준다.
② 크림치즈와 섞어 잠시 둔다.
③ 토스트한 식빵에 꼼꼼하게 바르고 소금을 뿌린다.

작은 팁

- 반숙 계란도 잘 어울린다.
- 올리브오일이나 참깨, 들기름 등 원하는 재료를 조금 더해도 맛있다.

연두부 김 수프

무가미 김을 북북 찢어서 다시마 육수에 섞어주면 부드럽게 풀린 김 덕분에 국물도 시원해지고 포만감도 적당히 느낄 수 있다. 거기에 몽글몽글한 연두부까지 더해져 아침 식사로도, 야식으로도, 해장으로도 아주 좋다.

재료 (1~2인분)

무가미 김 3장, 연두부 1모, 마늘 1쪽, 다시마 육수 400ml, 간장 1큰술, 액젓 1큰술, 참기름

만드는 법

① 냄비에 참기름을 두르고 다진 마늘을 볶아준다.
② 다시마 육수를 붓고 간장과 액젓으로 간을 한다.
③ 육수가 끓으면 김을 부수어 넣고 2~3분 끓인다.
④ 연두부를 숟가락으로 떠서 넣고 참기름을 조금 둘러 마무리한다.

작은 팁

- 연두부 대신 계란을 풀어도 되고 둘 다 넣어도 좋다.
- 중간에 산초 기름을 뿌려 먹으면 색다른 맛을 즐길 수 있다.

포토푀

겉옷과 냄비 속 채소가 두툼해지는 계절. 집에 있는 채소를 살피고 고기나 소시지를 더해 솥을 꼼꼼하게 채워 불에 올린다. 각기 뿜어낸 에너지들이 육수로 한데 모이고 다시 재료들의 온몸으로 퍼진다.
재료가 뿜어낸 깊은 감칠맛으로 국물도 맛있는 포토푀.
순무, 당근, 양파, 감자, 양배추 등 각종 채소와 소시지 혹은 고기를 너무 작지 않은 크기로 적당히 손질한 다음 월계수 잎, 타임과 함께 냄비에 모두 넣고 물을 더해 약불로 30분 정도 뭉근하게 끓이면 완성이다. 간은 중간에 소금으로. 고형 콩소메 스톡을 넣어주면 좀더 깊은 맛이 나고, 소시지 대신 시오코우지에 절인 육류도 굉장히 잘 어울린다. 오래 끓이기 때문에 브로콜리나 콜리플라워같이 금방 익는 채소는 중간에 넣어주는 것이 좋다. 포토푀의 감자는 둥글게 손질하지 않고 껍질째 숭덩숭덩. 익어서 모서리가 너저분해지는 것을 좋아한다. 반면 또 당근은 모난 부분 없이 손질하는 것이 좋다. 마나에서는 양배추 대신 알배추를 넣고 렌틸콩과 소시지 정도만 더해 심플하게 끓여낸 포토푀도 인기가 많았다.

11
밥과 국

: 완벽하지 않아도 괜찮고
완벽하지 않아도 맛있다

맘 편하게 솥밥

아침에 일어나 주방을 어슬렁거리다, 쌀을 씻어 채반에 받쳐둔 뒤 실온의 물을 한 잔 마신다. 집에 있는 재료들을 살피고 밥에 들어갈 것들, 국에 들어갈 것들을 정해본다. 그에 맞춰 밥물 간을 잡고 밥을 안치고 각 재료의 익을 시점을 적당히 예상해 뚜껑을 열고 하나씩 넣어준다. 밥이 뜸 들 동안 국을 하나 준비하면 간단하게 완성되는 한 끼. 매일 큰 수고를 기울이지 않고도 꽤 만족스러운 밥을 짓고 누룽지까지 깨끗하게 비운 뒤 얼마 되지 않는 설거지를 마치면 몸이 만족스럽고 기분도 깔끔해진다.

몇 년 전 처음 솥을 구비했을 때는 뭐랄까, 멋지다! 감탄하는 대단한 솥밥을 짓고 싶었던 것 같다. 그러다 보니 비싼 재료를 사용하거나 레시피에 있는 재료를 빠짐없이 준비하며 신경을 썼고, 쌀을 불리는 시간, 불의 세기, 뜸 들이는 시간을 꼼꼼하게 체크하곤 했다. 그때는 이런 부담감이 커서 마음먹은 날에만 솥밥을 지을 수 있었다.
하지만 여러 번 해보니 그럭저럭 괜찮은 수준의 솥밥을 짓는 게 생각보다 어렵지 않다는 걸 알게 되었다. 게다가 내가 지어 내가 먹는 밥, 꼭 완벽할 필요가 없다. 완벽할 필요가 없다는 것이 마음을 가볍게 만들어서 느지막이 일어났을 때도 쉽사리 쌀을 씻게 되었다.

완벽하지 않아도 괜찮고 완벽하지 않아도 맛있다.

이렇게 집에서 내가 손수 지어 먹는 밥은 뭐든지 마음껏 넣을 수 있어 그 풍족함이 좋고, 그때그때 있는 것들을 넣다 보니 의외의 조합들도 생겨 어울리는 재료들을 발견하는 기쁨도 있다. 게다가 생 채소를 한 번에 많이 먹는 건 다소 어렵지만 솥밥을 지을 때 넣으면 많은 양의 숨 죽은 채소들을 편안하고 맛있게 먹을 수 있어서 그 점 역시 무척 좋아한다.

솥밥을 짓는 것이 번거롭진 않을까 망설여진다면, 그냥 어느 날 편한 마음으로 슬렁슬렁 쌀을 씻고 냉장고에 뭐가 있지? 살피고 가볍게 한번 시도해보기를 권한다.

솥밥 짓기

순수한 하얀 밥이 주는 기쁨. 아무리 부재료가 들어간 솥밥이나 편리한
즉석밥이 있더라도 잘 지어진 흰쌀밥만이 주는 기쁨은 특별하다. 쌀알의
순박한 촉촉함이 고스란히 담긴 갓 지은 흰쌀밥은 화려하게 입안에
맴도는 맛은 아니지만 씹을수록 퍼지는 은은한 단맛으로 무엇이든
포용하는 부드러운 강자이다.

솥 종류에 따라 짓는 방법도 조금씩 차이가 있기 때문에 기본적인
흰쌀밥을 시작으로 몇 번 지어보면 감이 잡힌다. 1~2인분 정도는 쌀이
물기를 머금을 수 있도록 충분히 씻어주면 긴 시간 불리지 않아도 맛있는
솥밥을 지을 수 있다. 그리고 쌀의 품종이나 상태에 따라서도 불리는
시간을 가감한다. 특히 햅쌀은 수분 함량이 많아 짧게 불려도 괜찮다. 함께
넣는 부재료에 수분이 많을 경우에도 밥물을 조금 줄인다. 부재료에 따라
밥에 소금과 올리브오일을 넣기도 하고 간장과 들기름을 넣기도 하며,
마지막에 버터 한 조각이나 참기름으로 포인트를 주기도 한다.

만드는 법(2인분)

① 쌀 200g을 씻고 채반에 받쳐 물기를 빼 20분 정도 불린다.
② 동량의 물과 함께 솥에다 넣고 중간불로 5~6분 정도 가열하면 김이 오르기
   시작한다.
③ 끓기 시작하면 약불로 줄여 10~12분 정도 더 두었다가 불을 끈다.
④ 10~15분 정도 뜸을 들인다.

작은 팁

- ②에서 뚜껑은 열어도 되고 열지 않아도 된다. ②에서 ③으로 넘어갈 때 한 번
  저어주어도 좋다.
- ③에서 15분 정도로 시간을 늘리면 바닥에 누룽지가 생긴다.

봄 낙지
아스파라거스 솥밥

함께 제철인 봄 낙지와 아스파라거스를 듬뿍 넣고 지은 영양 가득한 솥밥이다. 봄 낙지는 야들야들한 식감이 일품인 데다 타우린이 풍부해 피로회복에도 아주 좋다. 게다가 낙지를 데쳤던 물은 감칠맛도 좋고 몸에 필요한 무기질이 가득하기 때문에 차갑게 보관해두었다가 육수로 사용할 수 있다. 어디 하나 버릴 것 없이 감사한 재료이다. 제철 아스파라거스는 질기지 않아 밥 뜸을 들일 때 넣어주면 아삭거리는 식감이 살고 향도 풍성하게 올라온다. 또한 솥 바닥에 밥을 살짝 눌어붙여 만든 누룽지에 낙지 머리와 간장을 넣어 끓인 죽은 청순한 낙지 솥밥과는 또 다른 깊은 맛의 감동을 선사한다.

재료 (2인분)
작은 사이즈 낙지 1마리, 쌀 200g, 물 200ml, 아스파라거스 3~4개, 들기름 2큰술

만드는 법
① 끓는 물에 낙지를 3~4분 데친 다음 적당한 크기로 썰어둔다. 국물은 식혀서 육수로 활용한다.
② 흐르는 물에 쌀을 씻고 채반에 받쳐 물기를 빼 20분 정도 불린다.
③ 솥에 쌀과 물을 넣고 밥을 짓다가 뜸을 들일 때 어슷 썬 아스파라거스를 넣어서 가볍게 익혀준다.
④ 밥에 낙지 다리와 들기름을 얹어 고루 비벼준다.

남은 밥을 죽으로 즐기는 법
① 솥에 낙지밥을 조금 남겨 약불로 5분 정도 가열해 살짝 눌어붙게 한다.
② 낙지 육수를 한 컵 넣고 낙지 머리를 먹기 좋은 크기로 썰어 넣는다.
③ 중불로 가열해 자작해지면 참기름을 살짝 둘러 마무리한다. 기호에 따라 소금으로 간을 한다.

암대하 솥밥

머리가 녹진한 제철 암대하를 온전히 먹고 싶어서 지은 솥밥이다.
머리와 껍질을 볶아 가볍게 만든 비스크 육수에 사프란을 더하면
먹고 난 뒤에도 코와 입에 화려한 여운이 감돈다.

재료 (2인분)

암대하 15마리, 쌀 200g, 마늘 2쪽, 올리브오일, 사프란, 소금

만드는 법

① 흐르는 물에 쌀을 씻고 채반에 받쳐 물기를 빼 20분 정도 불린다.
② 새우를 손질해 살은 따로 두고 머리와 내장, 껍질, 꼬리도 한곳에 모은다.
③ 팬에 올리브오일을 넉넉히 두르고 편으로 썬 마늘을 넣어 약불로 마늘 향을 낸다. 마늘이 갈색이 되기 전에 새우 머리와 내장, 껍질, 꼬리를 넣어 달달 볶는다. 전부 익으면 물 250ml와 함께 갈고 체로 걸러 비스크 육수를 만든다.
④ 새우 머리를 볶았던 팬에 그대로 불린 쌀을 볶다가 쌀알이 새우 기름으로 어느 정도 코팅되면 비스크 육수를 붓고 사프란과 소금을 섞어준 뒤 뚜껑을 덮는다.
⑤ 그대로 중불로 2분 정도 익히다가 초약불로 줄여서 10분 정도 가열한 뒤 불을 끄고 10~15분 뜸을 들인다.(약불로 줄일 때 물이 부족하다 싶으면 남은 비스크 육수를 1~2큰술 넣고 주걱으로 한 번 섞어줘도 좋다.)
⑥ 뜸 들이는 동안 새우 살을 올리브오일을 두른 팬에 가볍게 익힌다. 화이트 와인이 있으면 조금 부어주어도 좋다.
⑦ 밥이 다 지어지면 새우를 얹어 비벼 먹는다.

작은 팁

- 기호에 따라 비스크 육수에 케첩을 1큰술 정도 넣어도 좋다.
- 반쯤 먹다가 핫소스를 살짝 뿌려도 맛있다.
- 눌어붙는 면적이 많으면 더 녹진한 맛이 나기 때문에 무쇠팬을 쓰면 좋지만, 솥에 지어도 괜찮다.

냉이 솥밥

살짝 데쳐 향이 올라온 냉이를 갓 지은 밥에 살살 섞어 먹으면 얼마나 향긋하고 맛있는지. 남은 밥으로는 다음 날 주먹밥을 해 먹어도 향이 고스란히 남아 있어 무척 만족스럽다.

재료 (2인분)

냉이 150g, 쌀 200g, 물 200ml, 소금 1/2작은술, 참기름 1큰술

만드는 법

① 흐르는 물에 쌀을 씻고 채반에 받쳐 물기를 빼 20분 정도 불린다.
② 뿌리까지 깨끗하게 손질한 냉이를 끓는 소금물에 20~30초 데친 뒤 찬물에 헹구고 물기를 제거한다.
③ 냉이를 먹기 좋은 크기로 썰고 소금과 참기름으로 무쳐둔다.
④ 솥에 쌀과 분량의 물을 넣고 밥을 지은 뒤 냉이와 섞어준다.

작은 팁

- 소고기 다짐육을 고슬고슬하게 볶아서 함께 섞어주어도 맛있다.

죽순 관자 밥

죽순의 보들보들한 부분만 가득 넣은 촉촉한 죽순 관자 솥밥.
종일 죽순을 손질하고 저장한 내게 주는 선물이다.
죽순의 얇고 여린 부분을 아낌 없이 넣어 밥을 짓고,
도톰한 관자를 얇게 썰어서 약불로 밥을 뜸 들일 때 넣어 살짝 익혀주었다.
곤부다시와 들기름으로 물을 잡은 밥의 감칠맛, 촉촉한 죽순과 더 촉촉한 관자.
관자와 함께 들어 있던 조갯살을 넣었더니 미소시루의 맛도 살아났다.

말린 토마토 밥

말린 토마토를 가득 넣고 밥을 지었더니 별다른 육수 없이도
감칠맛이 가득한 솥밥이 완성되었다.
방울토마토의 껍질을 벗기고 살짝 말려 맛을 초집중으로 모으기.
갈무리해둔 바질 페스토 넉넉하게 한 스쿱,
좋아하는 올리브오일을 골라 아낌없이.
새콤한 누룽지까지, 오늘도 흐뭇한 한 끼.

간단하게 국

집에서 혼자 식사를 할 때 찬을 차려 먹는 편이 아니어서 자연스럽게 여러 부재료를 넣은 솥밥과 국을 선호하게 되었다. 부재료를 더한 솥밥의 뜸을 들이는 동안 간단한 국을 준비한다.

냉장고에 냉침해둔 다시마 육수를 냄비에 붓고 원하는 재료를 넣어 익힌 뒤에 미소를 풀어서 마무리하는 간단한 미소시루나 간장이나 된장, 소금으로 간을 맞춘 단순한 국이 대부분이다. 시금치가 있으면 시금치를 넣고 미역이 있으면 미역을 넣는 식으로 그때그때 편하게.

솥밥에 단백질이 부족할 것 같으면 계란을 풀어 계란국을 만들기도 하고 소시지가 보이면 넣어보기도 한다. 간장과 된장은 재래식으로 만든 것들을 구해 사용하고, 미소는 친구들의 미소와 내가 만든 미소, 품질 좋은 시판 제품을 돌아가며 먹는다.

쉽고 부담되지 않는 선에서 만드는 국들이지만 대부분 맛이 좋다.

유채를 넣은 미소시루

바지락 오크라
미소시루

다시마 육수마저 준비되지 않은 어느 아침, 냉동 바지락 살을 꺼냈다. 꽤 넉넉한 양으로 소분해놓은 바지락이 육수가 없는 오늘 요긴하다. 바지락 같은 조갯살을 아주 듬뿍 넣으면 국물이 단번에 맛있어지기 때문이다. 계속 구워서 먹던 오크라가 지겨워졌나 싶었는데 깊은 바지락 미소 국물을 듬뿍 머금으니 새롭게 맛있어진다.

재료 (2인분)

오크라 6개, 바지락 살 100g, 미소 1큰술, 물 400ml

만드는 법

① 냄비에 물을 붓고 끓으면 적당한 크기로 자른 오크라를 넣고 1분 정도 익힌다.
② 바지락 살을 넣고 끓어오르면 불순물을 건져낸다.
③ 바지락 살이 익으면 미소를 넣고 불을 끈다.

작은 팁

- 미소는 염도에 따라 조절한다. 특히 바지락 등 조갯살을 듬뿍 넣었을 때는 미리 간을 보고 미소를 가감하는 것이 좋다.

닭고기 냉잇국

가만 보자… 오늘은 다시마 육수만 있고 냉이와 닭고기가 남았으니 세 가지를 더해 국을 끓여볼까?
닭다리살을 다져서 국물에 풀면 약식 닭고기 육수가 되니 요긴하다. 향긋한 냉이를 듬뿍 넣어 마음껏 즐겨야지, 냉이 된장국도 맛있지만 오늘은 된장을 생략할까 봐. 재미있게 만들었고 향기롭게 먹었다.
국보다는 수프라는 이름이 어울리는 한 그릇이 즐겁다.

재료 (2인분)
닭다리살 100g, 데친 냉이 한 줌, 다시마 육수 400ml, 소금

만드는 법
① 닭다리살을 칼로 다진 뒤 소금을 한 꼬집 뿌려준다.
② 다시마 육수가 끓으면 다진 닭고기를 넣는다.
③ 끓어오르면 불순물을 건져내고 데친 냉이를 넣은 다음 소금으로 간을 한다.

머윗대와 마카로니를 넣은 미소시루

동죽조개와
감자를 넣은 국

파를 가득 넣은
미소시루

생활 육수 : 간소하게, 편안한 선에서

음식 맛을 풍부하게 이끌어내는 초석이 되어주는 육수. 많은 장인들의
다양한 노하우도 있지만 나는 집에서는 간소하게 편안한 선에서,
정석이라고 할 순 없지만 매일 번거롭지 않은 육수들을 만들어 사용한다.
다시마 육수, 채수, 멸치 육수, 가다랑어포 육수를 두루두루 쓰는데,
다시마를 넣고 냉침한 물은 요리할 때 요긴하게 쓰이기 때문에 냉장고에
항상 구비해두는 편이다. 다시마 육수가 있으면 가쓰오 육수도 간편하게
만들 수 있어 아주 유용하다.
이외 자투리 채소나 멸치, 황태 머리, 치즈 끝 조각, 닭 다리 등도 활용한다.
멸치 육수는 품질 좋은 시판 제품을 사용하기도 한다.

채수

채소 껍질이나 심지, 자투리는 한곳에 모아두었다가 적당히 끓여서
채수로 사용하고 있다. 양파, 셀러리, 파, 당근, 무, 버섯, 양배추 심지,
아스파라거스 밑둥 등 각종 채소를 물 2리터에 넣고 20~30분 끓이면
완성이다. 또한 병아리콩을 삶고 남은 물은 구수한 맛이 매력적이라
수프를 끓이거나 파스타를 삶으면 맛이 좋다.

다시마 육수

나는 다시마 육수를 두 가지 방법으로 만든다.
손바닥 크기의 다시마를 씻어 물 2리터를 붓고 실온에 8시간 정도 보관한다. 보통 밤에 만들어두고 아침에 다시마를 건져내 간편하게 사용한다. 조금 더 진한 맛을 원할 때는, 이 다시마물을 초약불로 40분 정도 끓인 다음 그대로 식혀 다시마의 감칠맛을 더 추출한다.

가다랑어포 육수

다시마 우린 물에서 다시마를 빼고 냄비에 올려 끓기 시작할 때 가다랑어포를 한 줌 넣고 불을 끈다. 그리고 1~2분 기다렸다가 체에 거른다.

다시마 표고버섯 육수

손바닥 크기의 다시마와 건 표고버섯 2~4개를 씻어 물 2리터에 넣고 상온에 8시간 정도 보관한다. 보통 밤에 만들어두었다가 아침에 다시마와 표고버섯을 건져낸다. 조금 더 진한 맛을 원한다면 다시마 육수처럼 끓여준다.

멸치 육수

손바닥 크기의 다시마와 마른 팬에 구운 국물용 멸치를 물 2리터에 넣고 끓인다. 물이 끓으면 다시마는 건져내고 15분 정도 더 끓인 뒤 체에 거른다. 황태 머리나 대파가 있으면 같이 넣어서 황태 멸치 육수를 만들기도 한다.

닭 육수

시오코우지에 절인 닭가슴살이나 닭다리살을 삶은 물은 버리지 않고 육수로 활용한다. 레지아노 치즈의 먹지 않는 단단한 끝 부분을 넣고 함께 끓이기도 한다.

12

국수

: 간단하지만 언제나 맛있지!

1분만 삶아도 탱글탱글하게 익는, 좋아하는 소면이 나의 게으름을
안아줄 때, 귀찮아서 원팬에 대강한 파스타가 많이 맛있을 때, 산 지 꽤
오래된 것 같아서 반신반의로 삶은 메밀 건면에서 근사한 메밀 향기가
뿜어져 나올 때, 기쁘다.

뭐랄까, 면 요리는 아주 진지하게 고민을 하지 않아도, 작은 시간을 쓴
것에 대해 언제나 보답을 해주는 것 같다. 귀찮은데 하면서 대강 요리를
시작해서는 식탁에 앉아 그만 빨라져버린 속도로 '완면'을 할 때면 아!
이렇게까지 맛있게 먹었구나, 싶은 때가 많다. 반면 골똘히 생각해보고
정성껏 요리한 면 요리가 맛있을 때면 그 뿌듯함도 상당하다. 대강 요리할
땐 면에게 전혀 긴장을 하지 않는데, 정성껏 하게 되는 날이면 어쩐지 더
긴장된달까.

소면을 삶아 간장에 참기름만 뿌려 비벼 먹어도 간장과 참기름을
차박차박하게 안아주는 서글서글함이 있고, 깨끗하게 거른 토마토 워터에
소면을 담가 먹으면 바로 서정적인 조연이 되어주기도 하는, 면의 이런
다양한 면모.
사용 기한에 큰 부담 없이 구비해둘 수 있는 건면이라는 건 집밥에
얼마나 요긴한지. 파스타, 소면, 메밀 면, 우동 면… 모두 마른 채로 찬장에
구비되어 있으면 별다른 재료가 없을 때도, 메뉴를 결정하지 못했을 때도
먼저 손 뻗을 수 있다.
면의 모든 면면을 사랑해!

튀긴 채소를 얹은 우동

좋아하는 면을 채소의 즙에 치대며 먹는 여름 맛. 일본 가정에서 많이 먹는 채소 튀김 우동을 소개한다. 채소들을 튀겨서 뜨거운 국물을 부어두면 채소의 즙과 국물이 어우러져 맛이 무척 좋아진다. 가지는 꼭 넣되 집에 있는 채소들을 활용해보자. 파프리카, 당조고추, 애호박, 마늘종, 오크라 등을 추천하는데, 없는 채소는 대체하고 넣고 싶은 채소는 더 넣어 맞춤형으로 만들 수 있다. 마지막에 간 무를 올리거나 깻잎이나 시소를 가늘게 썰어 올려도 맛있다. 가늘게 찢은 삶은 닭가슴살이나 얇은 돼지고기를 볶아서 추가하면 더욱 든든한 한 끼가 된다.

재료 (2인분)

밤호박 1/2개, 가지 1개, 꽈리고추 4개, 피망 1개, 방울토마토 6개, 우동 면 1팩, 가쓰오 육수 250ml, 간장 60ml, 미림 80ml

만드는 법

① 채소들을 먹기 좋은 크기로 손질한다.
② 160도로 달군 기름에 밤호박을 가장 먼저 넣고 가지, 꽈리고추, 피망, 방울토마토를 튀긴다.
③ 냄비에 육수, 간장, 미림을 넣고 끓어오르면 불을 끈 뒤 튀긴 채소를 담은 그릇에 붓는다.
④ 실온에 30분 이상 두고 냉장고에서 1시간 이상 차갑게 숙성시킨다.
⑤ 우동을 삶아 차가운 물에 헹궈 준비하고 튀긴 채소와 국물을 부어 먹는다.

작은 팁

- 튀긴 채소와 국물은 1시간 정도 실온에 둔 뒤 냉장고에 3시간 이상 숙성하면 맛이 더 잘 배어 든다. 전날 밤 만들어 다음 날 먹기도 한다.
- 소면 등 좋아하는 면으로 대체 가능하다.
- 식초는 취향에 따라 살짝 추가해도 좋다.

열무김치
수박 국수

엊저녁 숨음 열무로 밀가루풀 없이 정말 간단한 열무김치를 만들어두고 오늘 점심에 모조리 다 먹는다. 김치 국물과 수박 육수를 배합한 국물은 최대한 많이. 마늘, 생강에 고춧가루까지 타서 힘이 나는 맛. 생강, 레몬, 고춧가루 조합으로 먹는 에너지 부스터 음료 같기도 하다. 너무 맛있어서 여름마다 열무 한 묶음이 보이면 또 집어 올 것 같다.

재료 (2인분)

열무김치 : 숨음 열무 200g, 소금 1큰술
열무김치 국물 : 찐 감자 1개, 우메보시 1개, 마늘 1쪽, 생강 1개, 매실청 1큰술, 소금 1/2큰술, 액젓 1/2큰술(피시소스도 가능), 고춧가루 1작은술, 멸치 육수 400ml
열무김치 수박 육수 : 열무김치 국물 200ml, 멸치 육수 40ml, 수박 4조각(230g), 간장 1작은술, 고추장 1작은술
그 외 : 소면 100g, 간장, 참기름

만드는 법

① 숨음 열무를 잘 씻어 물기를 제거한 뒤 소금을 뿌린 다음 15분 정도마다 뒤집어주다가 1시간쯤 뒤에 물로 가볍게 헹구어 물기를 제거한다.
② 찐 감자는 토막 내고 우메보시는 씨를 뺀 다음 마늘, 생강, 매실청, 소금, 액젓, 고춧가루와 함께 멸치 육수 400ml에 섞어 갈아준다.
③ 통에 담아둔 열무에 ②를 붓고 실온에 하룻밤 둔다.
④ 아침에 일어나서 열무가 촉촉하게 유지될 정도 외의 국물(200ml)에 멸치 육수 40ml, 수박, 간장, 고추장을 넣고 갈아서 냉동실에 1시간 이상 넣어둔다.
⑤ 소면을 삶아 찬물에 헹궈 물기를 제거한 뒤 간장과 참기름을 넣고 버무린다.
⑥ 육수를 소면에 부은 다음 열무김치를 쫑쫑 썰어 가득 곁들인다.

작은 팁

- 산미를 원하면 레몬즙을, 강렬한 맛을 원하면 앤초비 한 장을 같이 갈아 넣는다.

토마토 워터 국수

잘 익은 토마토를 갈아 면포에 하루 거른 투명한 붉은빛의 토마토 워터. 아름다울 뿐 아니라 조금만 맛보아도 그 싱그럽고 산뜻한 맛에 눈이 번쩍 뜨인다. 얇은 소면을 좀 삶아 부어 먹으면 여름철 별미가 된다.

재료 (1인분)

완숙토마토 6~7개, 소면 50~70g

만드는 법

① 완숙 토마토를 블렌더로 간다.
② 볼 위에 채반을 올리고 채반 위에 면포를 펼친 뒤 간 토마토를 올려준다.
③ 실온에 하룻밤 두었다가 다음 날 볼에 담긴 토마토 워터를 차갑게 보관한다.
④ 삶은 소면 위에 토마토워터를 부어 먹는다.

작은 팁

- 살짝 데친 고구마순이 잘 어울려서 곁들였다. 오이도 잘 어울린다.
- 기호에 따라 소금 간을 더해도 좋다.

우메보시
오이 메밀국수

여름철 나의 점심 단골 메뉴는 단연 우메보시에 버무린 면 요리이다. 메밀 건면이나 소면 등 좋아하는 면으로 쉽게 만들 수 있다. 아삭아삭한 오이, 우메보시의 산미와 염도가 더위에 지친 몸에 활기를 불어넣는다. 오이는 꼭 넣어주고 계란 지단, 닭가슴살, 양상추, 머스타드, 깨 등 그때그때 재료를 가감해서 먹는다.

재료 (2인분)

메밀 건면 200g, 오이 1/2개, 닭가슴살 100g, 소금
소스 : 우메보시 1개, 참기름 1큰술, 올리브오일 1큰술

만드는 법

① 메밀 건면을 삶아서 찬물에 헹구고 물기를 뺀다.
② 얇게 썬 오이에 소금을 살짝 뿌려 10분 정도 두었다가 물기를 짜준다. 씨가 많으면 숟가락으로 제거한다.
③ 닭가슴살을 삶아 얇게 찢어놓는다.
④ 면과 오이, 닭가슴살을 소스와 섞어서 먹는다.

작은 팁

- 삶은 닭가슴살을 머스타드와 참기름으로 살짝 무쳐 곁들여도 맛있다.
- 우메보시 소스도 취향껏 변형해서 먹을 수 있다. 산미를 좋아하면 우메초나 식초를 약간 추가하고, 새콤달콤한 걸 좋아하면 설탕을 1/2큰술 정도 추가한다.
- 국물 있는 면 요리를 먹고 싶으면 가쓰오 육수, 우메보시, 식초, 레몬즙, 액젓, 설탕을 취향껏 섞어서 살짝 얼렸다 부어 먹어도 맛있다.

13
시오코우지, 미소, 건조

: 시간을 기다린 맛

쌀에 피어난 뽀얀 균사,
청국장을 연결하는 가는 실,
둥그런 메주 같은 걸 보면 마음이 몽글몽글해지곤 한다.

발효와 숙성, 건조와 응축의 과정을 지켜보는 것이 좋다. 찬장 속에서
시간에 낡지 않고 깊어지고 있는 유리병들을 생각하면 어딘가 애틋한
기분이 들기도 한다. 이러한 발효의 서사도 좋아하는 데다 발효식을
먹으면 소화가 잘되어 몸이 편안한 게 느껴지기 때문에 발효와 숙성에
관심이 많은 편이다.

뿐만 아니라 발효 양념은 요리의 과정을 간단하게 만들어주고 맛도
훌륭하게 이끌어준다. 특히 가게에서 주문이 들어왔을 때 조리 방식이
간편해야 원활하게 음식을 낼 수 있기 때문에 마나에서는 즉석에서
만들기 편한 요리와 함께 미리 준비해둘 수 있는 발효 요리들을 내고
있다. 영업일 전 미리 양파 시오코우지에 닭고기를 재워서 맛이 들도록
준비하거나 양배추 소금 절임 등을 미리 만들어두는데, 이렇게 주방에
미리 투입된 발효 친구들이 최종 조리 과정을 간단하게 해준다.

한국 된장과 간장은 아직 직접 만들지 못해서 좋은 환경에서
정성껏 만들고 숙성한 것을 알아보고 구입하고, 소금 대용으로 쓰는
시오코우지와 미소는 직접 만들어 사용하고 있다. 발효 조미료에 관심이
있다면 이제 소개할 시오코우지나 미소를 조금씩 만들어보는 것을
추천한다. 내가 만든 조미료가 숙성되는 과정을 보는 것도 재미있고,
애정이 가서 더 자주 먹게 되기 때문이다.

시오코우지

시오코우지란 소금이란 뜻의 '시오'와 누룩이란 뜻의 '코우지'의 합성어로, 소금과 물, 쌀누룩을 섞어서 만든 일본의 발효 조미료이며, 일본에서는 2011년경부터 주목받기 시작했다. 시오코우지에는 다양한 유익균이 들어 있어 장내 환경을 튼튼하게 만들어주며, 비타민이 풍부하게 함유돼 있어 피로회복에도 효과가 있다.
소금 대용으로 간을 맞출 때 언제든 사용할 수 있으며, 어패류나 육류, 두부 등에 발라 숙성하면 재료 속까지 간이 배며 감칠맛이 생기고 연육 작용에도 도움이 된다. 나는 재료를 숙성할 때나 드레싱을 만들 때 많이 사용한다.

시오코우지 만들기

시오코우지는 소금 대용으로 다양하게 활용할 수 있어 좋아하는 재료인데, 발효된 조미료라 속이 편안하고 요리에 기분 좋은 감칠맛을 더해준다. 이제는 한국에서도 인터넷을 통해 손쉽게 구입할 수 있다. 하지만 만드는 방법도 간단하여 여기에 소개한다.

재료
쌀누룩 200g, 소금 70g, 물 220ml

만드는 법
① 쌀누룩과 소금을 손가락으로 비비며 섞은 다음 물을 부어 잘 저어준다.
② 뚜껑이 있는 그릇에 옮겨 상온에 두고 하루에 한 번 정도 섞어준다. 뚜껑은 공기가 통하도록 살짝만 덮어둔다.
③ 환경에 따라 조금씩 다르지만 누룩이 으깨질 정도로 부드러워지면 완성이다.(4~7일 후)

양파 시오코우지 만들기

역시 집에서 간단하게 만들 수 있는 양파 시오코우지를 소개한다.
소금과 물, 쌀누룩으로 만드는 시오코우지와 다른 점은 물 대신 양파의
수분을 이용한다는 점이다.
이렇게 만든 양파 시오코우지를 육류에 바르고 밀봉해두면 속까지 간이
배어들어 식감이 촉촉하고 맛도 좋아진다. 더하여 양파 덕분에 잡내
제거에도 탁월한 효과가 있다. 감칠맛도 뛰어나 특별히 육수가 없을 때 한
숟갈 넣어도 아주 좋고, 타르타르 소스를 만들어도 훌륭하다.

재료

양파 650g, 쌀누룩 200g, 소금 70g

만드는 법

① 양파를 손질해 갈아준 다음 소금과 섞고, 다시 누룩과 잘 섞는다.
② 뚜껑이 있는 그릇에 옮겨 상온에 두고 하루에 한 번 정도 섞어준다. 뚜껑은 공기가 통하도록 살짝만 덮어둔다.
③ 환경에 따라 조금씩 다르지만 누룩이 으깨질 정도로 부드러워지면 완성이다.(4~7일 후)
④ 양파의 매운맛이 가시도록 맛을 보며 좀더 상온 숙성해도 좋고, 완성되면 냉장 보관한다.

시오코우지
바냐카우다

마늘, 앤초비, 올리브오일로 만드는 이탈리아 소스인 바냐카우다에서 영감받은 소스이다. 좋은 올리브오일에 마늘 향을 쏘옥 입혀 시오코우지와 섞어주면 요긴한 소스가 된다. 앤초비를 넣지 않았지만 시오코우지를 더해 감칠맛이 썩 괜찮다. 채소쩜에 곁들여 먹어도 한없이 들어가고 샐러드 드레싱과 파스타 소스로도 아주 좋다. 때론 흰밥에 비벼 먹기도 한다.

재료
마늘 5쪽, 엑스트라 버진 올리브오일 5큰술, 시오코우지 2.5큰술

만드는 법
① 냄비에 다진 마늘과 올리브오일을 넣고 약불로 올려 오일에 마늘 향을 입히고 색이 나지 않을 정도로 익혀준다.
② 시오코우지와 섞어 블렌더로 갈아준다.

시오코우지 두부

물기를 제거한 두부에 시오코우지를 감싸놓으면 두부가 단단해지고 속까지 감칠맛이 쏘옥 배어든다. 치즈 대용으로 여러 요리에 활용할 수 있고, 늦은 밤 안주로 먹기도 좋으며, 채소쌈과 곁들이면 포만감 있는 한 끼가 된다. 면포를 감싸고 시오코우지를 바르면 물로 씻지 않아도 돼서 좋은데, 최근 두루마리 타입의 일회용 면포를 발견해 요긴하게 사용하고 있다.

재료

두부 1/2모, 시오코우지 2작은술

만드는 법

① 두부 위에 헝겊이나 키친타월을 덮고 냄비 등 무거운 것을 올려서 1시간 이상 물기를 뺀다.
② 물기를 잘 닦은 두부를 지퍼백에 넣어 시오코우지를 발라준다. 최대한 공기를 빼고 냉장고에 보관한다.

작은 팁

- 2~3일째부터 먹을 수 있으며 시간이 지날수록 풍미가 진해진다.
- 시오코우지 대신 술지게미와 미소(79쪽 참고) 혼합물을 사용하면 또 다른 매력이 있다.

시오코우지 두부
오븐 구이

시오코우지에 숙성한 두부를 채소와 함께 오븐에 구우면 건강하고 든든한 한 끼를 즐길 수 있다. 비트, 밤호박, 감자, 당근, 고구마, 브로콜리 등 좋아하는 채소라면 어느 것이라도 잘 어울린다. 각 재료의 고유한 풍미가 시오코우지와 어우러져 더 맛있어진다.

재료(1인분)
시오코우지 두부 1/2모, 구운 비트 1/4조각, 밤호박 1/2개, 양송이버섯 4개, 올리브오일, 소금

만드는 법
① 구운 비트와 밤호박, 양송이버섯을 먹기 좋은 크기로 자른 뒤 볼에 넣고 소금을 살짝 뿌려 잘 섞는다.
② 바트에 종이호일을 깔고 적당한 크기로 자른 두부와 채소를 올리고 올리브오일을 듬뿍 뿌린 다음 180도로 예열된 오븐에 25분 굽는다.

작은 팁
- 빵가루를 얹고 올리브오일을 듬뿍 뿌려 구우면 바삭바삭한 식감이 살아난다.
- 취향에 따라 타임, 로즈마리 등 좋아하는 허브를 올려 풍미를 더할 수 있고, 후추나 레몬즙도 잘 어울린다.

시오코우지 두부 소보로

시오코우지에 숙성한 두부를 마른 팬에 고슬고슬하게 볶으면
다양하게 활용할 수 있는 맛있는 두부 소보로를 만들 수 있다.
손으로 두부를 잘게 으깬 뒤 무쇠팬에 바싹 볶아 식혀주면 된다.
치즈와 함께 식빵에 올리면 맛있는 토스트가 되고,
좋아하는 채소를 곁들이면 건강한 샐러드로 즐길 수 있다.

시오코우지를 활용한 육류 숙성

시오코우지를 다양하게 활용하고 있지만 특히 육류 숙성에 가장 큰 공헌을 하고 있다. 재료 속까지 간이 배어들고 감칠맛이 들어 별다른 조리를 하지 않아도 맛있어진다. 더 오래 냉장 보관할 수 있는 것도 장점이다. 물론 양파 시오코우지로도 가능하다.

여기에는 용량을 기재했지만 보통은 적당량을 슥슥 발라 랩에 감싸서 냉장고에 보관한다. 일단 레시피대로 해보고, 조금씩 시오코우지 용량을 가감하여 원하는 염도를 맞춰나가면 된다. 보통 염장한 뒤 하루가 지난 후부터 사용하는데, 점점 간이 배어들기 때문에 사흘 안에 쓰지 않으면 흐르는 물에 시오코우지를 씻어내고 냉동 보관한다. 나는 돼지 앞다리와 닭다리살, 닭가슴살을 많이 사용하며, 조리 전에 시오코우지를 제거한다. 시오코우지에 재운 육류는 팬에서 조리할 때 타기 쉬우니 주의한다. 그래서 시오코우지로 재운 육류를 조리할 때는 오븐을 선호한다.

시오코우지가 없다면 소금으로 염장해보자. 고기 중량 1.5% 정도의 소금을 발라 랩에 감싸 냉장고에서 숙성하면 하루 뒤부터 간이 잘 든 맛있는 고기를 먹을 수 있다.

시오코우지 숙성
돼지 안심 채소찜

돼지 앞다리살, 안심과 목살, 삼겹살, 항정살 부위에 시오코우지를 바르고 숙성시켜 요리에 자주 사용하곤 한다. 돼지 앞다리살 300g에 시오코우지 1큰술을 봉긋할 정도로 듬뿍 떠서 고루 바르고 냉장고에서 1~2일 숙성한 뒤 잘 익은 김치와 함께 익혀주기만 해도 탱글탱글하면서도 수분감 있는 식감의 돼지 김치찜이 완성되고, 각종 채소와 함께 무쇠 냄비에 넣어 약불로 오래 익혀주면 아주 맛있는 메인 요리가 된다.

재료 (1~2인분)
시오코우지 숙성 돼지 안심 200g, 각종 채소, 물 50ml, 소금, 올리브오일

만드는 법
① 안심에 묻은 시오코우지를 흐르는 물에 씻어내고 키친타월로 물기를 제거한다.
② 무쇠 냄비에 손질한 채소와 안심, 물을 넣고 소금을 한 꼬집 뿌린 뒤 약불에서 30분 정도 익힌다.
③ 그릇에 담고 올리브오일을 둘러 먹는다.

작은 팁
- 당근, 순무, 감자, 브로콜리, 양배추, 양파 등 채소는 좋아하는 것을 활용한다.
- 앞다리살로 만들어도 잘 어울린다.

시오코우지 숙성
닭다리살 오븐 구이

지방이 적당히 섞인 닭다리살을 시오코우지에 숙성하면 간이 적절히 밴 감칠맛과 촉촉한 육즙을 동시에 즐길 수 있다. 닭다리살 300g에 시오코우지 1큰술을 봉긋할 정도로 듬뿍 떠서 고루 바르고 냉장고에서 하루 이상 숙성해 구워주면 된다. 오븐이 없다면 팬을 이용하는데, 껍질이 타지 않도록 주의한다.

재료 (1~2인분)
시오코우지 숙성 닭다리살 300g

만드는 법
① 닭다리살에 묻은 시오코우지를 흐르는 물에 씻어내고 키친타월로 물기를 제거한다.
② 180도로 예열한 오븐에 20분 정도 굽는다.

시오코우지 숙성 닭가슴살
마늘종 콜드 파스타

닭가슴살 한 덩이에 시오코우지 1작은술을 봉긋할 정도로 듬뿍 떠서
고루 바르고 냉장고에서 숙성한다. 1~2일 후 끓는 물에 닭가슴살을 넣고
한소끔 끓어오르면 불을 꺼 30분 정도 냄비의 잔열로 익힌다.
그럼 염도와 감칠맛이 쏘옥 배어든 부드러운 닭가슴살을 만들 수 있다.
결 반대 방향으로 썰어도 결대로 가늘게 찢어도 모두 매력이 있으며,
나는 3~4덩이를 한 번에 만들어 일주일의 끼니에 두루 사용한다.
이 파스타는 마늘종이 한창이고 무더위가 시작되기 전 여름 초입에
가볍고 차가운 음식이 당겨서 만들었다가 닭가슴살과 마늘종의 조합이
마음에 들어 여름철 종종 해 먹는 메뉴가 되었다. 냄비 하나, 채반 하나로
끝낼 수 있어서 간편하며, 식초의 맛이 산뜻하고 재료의 조합이 꽤 좋다.

재료 (1인분)

시오코우지 닭가슴살 100g, 스파게티 면 100g, 마늘종 3~4줄, 간장 1큰술,
식초 1큰술, 들기름 1작은술, 시오코우지 바냐카우다 1큰술, 올리브오일, 소금

만드는 법

① 냄비에 물과 소금을 넣고 끓이다가 스파게티 면을 넣는다.
② 시오코우지로 숙성한 닭가슴살을 씻어서 반으로 잘라 냄비에 넣는다.
③ 면이 다 익기 2분 정도 전에 3cm 정도로 자른 마늘종을 넣는다.
④ 냄비의 재료들을 차가운 물로 식히고 물기를 뺀다. 닭가슴살은 가늘게 찢는다.
⑤ 간장, 식초, 들기름, 시오코우지 바냐카우다(237쪽 참고)를 잘 섞어준다.
　 취향에 따라 후추도 좋다.(시오코우지 바냐카우다가 없으면 올리브오일 1큰술에
　 마늘 1/2개를 치즈 그레이터로 갈아 섞어서 넣는다.)
⑥ 면과 닭가슴살, 마늘종 위에 ⑤를 올리고 올리브오일을 듬뿍 뿌려 먹는다.

미소

믿음직한 콩과 소금, 쌀누룩을 뭉쳐 숙성시킨 미소의 깊은 맛뿐 아니라 만드는 과정도 좋아한다. 부엌에는 해마다 조금씩 담근 미소가 시간을 먹으며 숙성되고 있고, 일본에서 친구들의 홈메이드 미소를 선물 받아 온 것, 전문점에서 구입해 온 것, 쌀누룩까지 직접 띄워서 만드시는 분의 것 등 믿음직한 미소들이 자리하고 있다.
소금이나 간장, 된장을 사용하듯 여러 요리에 양념으로, 매일 편하게 사용하는 조미료이다. 그중에서도 한두 가지 적당한 재료를 넣고 끓인 물에 미소를 풀어 완성하는 가벼운 미소국을 가장 즐겨 만든다.

고초균이 가득한 볏짚에 메주를 띄우고 공기와 볕의 도움을 받으며 자연 발효하는 한국의 된장과 달리 덥고 습한 일본의 기후에 맞게끔 쌀누룩을 더해 발효를 돕는 미소는 집에서도 만들기 쉬운 편이다. 쌀누룩을 통한 발효로 인해 적당한 단맛이 나는 미소는 재래 된장의 구수하고 깊은 맛과는 또 다르기 때문에 된장의 대체품이 아니라 서로 다른 매력을 지닌 각각의 조미료로 구비해두고 있다.
집에서는 비교적 간단한 과정과 맛을 즐기지만, 더 깊게 들어간다면 각 지방에서 전통적으로 전해오는 다양한 재료와 그에 비롯한 숙성 방법들이 있기 때문에 일본 여행시 백화점이나 시장에서 궁금한 지역의 미소를 사 오기도 한다.

집에서 미소를 만들어 사용하고 싶으신 분들을 위해 가장 기본적인 미소 레시피를 정리해보았다. 쌀누룩은 직접 만들지 않아도 품질 좋은 제품을 온라인에서 구입할 수 있어, 한 번쯤 가벼운 마음으로 만들어보기를 권하고 싶다. 처음에 혼자 미소를 만들 때는 뭔가 대단한 일을 하는 것 같아서 긴장되고 뭐든 정확히 해야 할 것 같았지만, 여러번 해보니 마음이 편해지면서 집에서의 즐거운 소일거리라고 생각하게 되었다.

그저,
콩과 소금, 누룩을 먹을 양만큼 뭉치며 만들 때 작은 기쁨을 느끼며,
따라오는 자그만 성취감을 즐기며,
우리 집에서 시간을 머금으며 어떤 존재들이 숙성되고 있다는 것에 대해 귀여움과 책임감을 느끼며,
매일 미소를 꺼내 먹으며 번지는 미소가 좋다.

미소 만들기

재료

마른 대두 500g, 쌀누룩 500g, 소금 200g

만드는 법

① 대두를 잘 씻어 물에 12시간 이상 담가두었다가 끓는 물에 2시간 정도 삶는다.
② 누룩과 소금을 비비듯 잘 섞어준다.
③ 두 손가락으로 눌렀을 때 부드러울 정도로 잘 삶아진 콩을 밀대나 푸드 프로세서 등으로 으깬다. 콩을 삶은 물은 버리지 않고 실온에 보관한다.
④ 으깬 콩이 미지근하게 식으면 ②의 누룩, 소금 혼합물과 잘 섞어준다.
⑤ 반죽을 야구공 크기로 동글동글하게 빚는다. 반죽이 건조해 덩어리지지 않으면 콩 삶은 물을 조금 넣어준다.
⑥ 깨끗하게 소독한 용기에 동그란 반죽들을 던지듯 넣어서 공기가 들어가지 않도록 한다.
⑦ 위쪽을 평평하게 정리해준 뒤 분량 외 소금을 용기 가득 덮어주고 뚜껑을 닫는다.
⑧ 서늘한 실온에 보관한다. 6개월~1년 뒤부터 먹을 수 있다.

작은 팁

- 숙성이 되면서 살짝 봉긋해지기 때문에 재료 용량보다 큰 용기를 준비한다.
- 대중적인 염도의 레시피이므로 이대로 만들어보고 점차 원하는 염도로 맞춰가기를 추천한다.

시금치 닭가슴살
미소 무침

미소는 국물에 풀어 미소시루로 먹는 방법 외에도 다양하게 양념으로 사용할 수 있고, 친근한 참기름이나 들기름에 섞어서 드레싱을 만들어 활용할 수도 있다. 오이, 배추, 참치캔 등 좋아하는 식재료에 자유롭게 적용해보자. 시금치 닭가슴살 무침에 밥 한 그릇이면 간단하지만 영양가 있고 맛있는 한 끼가 완성된다.

재료 (1인분)
닭가슴살 100g, 시금치 100g
미소 참기름 드레싱 : 마늘 1개 간 것, 참기름 1큰술(들기름으로 대체 가능), 미소 1큰술, 깨소금 1/2큰술(들깨 가루로 대체 가능), 물 2큰술

만드는 법
① 닭가슴살을 삶아 가늘게 찢어둔다.
② 끓는 물에 20초 정도 데친 시금치를 찬물로 헹구어 꼭 짜준다.
③ 드레싱 재료를 잘 섞은 다음(식초를 살짝 추가하면 더 상큼하다) 닭가슴살과 시금치를 무친다.

건조

도시에 살고 있지만 동네 어르신들이 가지나 고추를 널어 말리는 모습을 종종 볼 수 있다. 가장 흔하게는 호박, 가지, 무, 고사리, 표고버섯이 떠오른다. 그런데 호박고지나 가지고지 같은 말린 채소를 시중에서 구입하면 양도 많은 편인 데다, 불리는 시간이 길게 느껴질 때도 있고, 맛도 원했던 것보다 너무 응축된 느낌이 들 때가 많았다. 그래서 그때그때 시도하고 싶은 채소를 집에서 가볍게 말려보니, 식감의 변화로 몰랐던 매력을 발견하기도 하고 가볍게 응축된 채소의 맛도 좋았다.

집에 시든 채소가 있더라도 버리지 않고 하루 정도 통풍이 잘되는 곳에 널어두면 국이나 밥에 넣을 수도 있고 반찬으로 맛있게 활용할 수도 있다. 적당한 양을 썰어 널어두고 필요한 만큼만 사용하고, 남은 건 다른 날 좀 더 건조된 채로 사용하곤 한다. 말릴수록 맛이 깊어지고 보관 기간도 길어진다. 무엇보다, 얼마나 쉬운가! 재료의 새로운 맛과 매력을 가장 쉽게 발견할 수 있는 방법이기도 하니 여러 가지 다양하게 시도해보길 권한다.

말린 팽이버섯 밥

그리 특별한 맛도 느껴지지 않고 익히면 미끈해지기까지 하는 팽이버섯을 평소에는 별로 선호하는 편이 아니다. 하지만 말리면 좋아하는 재료가 된다. 팽이버섯을 말리면 향이 가볍게 응축되고 특유의 미끄덩한 식감이 살짝 조여지면서 씹는 맛이 살아나기 때문이다. 밥이나 국에 넣으면 은은한 버섯 향과 쫀쫀한 식감이 더 좋아진다. 팽이버섯뿐 아니라 취향에 맞는 버섯을 말려보길 추천한다.

밑둥을 손질한 버섯을 원하는 크기로 찢어 볕이 드는 곳에서 겉이 살짝 마를 때까지만 두면 되는데, 얇은 버섯은 한두 시간만 말려도 식감과 풍미가 달라진다. 표고버섯은 2~3일 정도 두고 말리면 향이 훨씬 좋아진다.

닭 육수와 닭다리살, 건조한 팽이버섯을 듬뿍 넣고 밥을 지었다. 닭 육수에 간장을 더해 밥물을 잡고 버터를 한 조각 올려 먹으니 감동적인 맛이다. 특히 타닥타닥 눌어붙은 팽이버섯밥 누룽지의 감칠맛이 본 밥보다도 황홀하다.

말린 오이
소고기 볶음

오이를 살짝 말리면 꼬들꼬들한 식감이 좋아진다.
세로로 반 갈랐을 때 씨가 많으면 긁어서 제거한 뒤 원하는 크기로
썰어서 말린다. 두 시간 뒤부터 살짝 시들시들해지기 시작하는데,
시간이 지날수록 점점 더 꼬들해진다.
네 시간 정도 말린 오이를 궁중요리에서 많이 사용하는 소고기와
조합해보면 어떨까 해서 불고기용 소고기와 가볍게 볶아주었다.
잘게 썰어 볶음밥 재료로 사용해도 맛이 좋다.

말린 채소 오븐 구이

채소를 가볍게 말려서 올리브오일과 허브, 소금을 더해
오븐에 구워주었다.
수분이 날아간 채소의 식감이 매력 있고
각 채소의 맛도 더 선명하게 느껴진다.

말린 채소 모듬밥

두 가지 무와 당근을 적당하게 썰어 볕에 한나절, 추운 하룻밤을 말린 다음,
솥에 가득 올려 밥을 지었다.
깊은 맛을 더하고 싶어 버섯과 우엉 중 고민하다 살짝 말린 우엉을 선택했다.
미소를 바르고 랩으로 감싸 숙성한 돼지 안심도 더했다.
다시마 육수와 함께 쌀 알알이 응축된 채소 맛이 일품으로,
별다른 찬이 필요 없는 영양 만점의 밥이다.

14
와인과 함께

: 사랑하는 나의 마나

마나, mana

'신이 지니고 있는 본래 힘'이라는 뜻을 지닌 하와이의 생기 가득한 단어, mana. 생명력이 넘치는 포도로 만들어진 와인과 그 와인으로 충만한 행복을 느끼는 사람들을 생각하며 작은 가게의 이름을 지었다.

내가 좋아하는 와인 생산자들은 와인을 양조할 때 인위적인 기술을 주인공으로 내세워 개입하지 않고 그저 포도가 자연스럽게 스스로 좋은 방향으로 발효될 수 있도록 돕는다. 포도를 성심으로 가꾸지만 구속하지 않는 그들의 진실된 방식을 존경하고 잘 전달하기 위해 마나도 노력하고 있다.

고심해서 고른 500여 종의 와인들을 셀러링 하고 있으며 꾸준히 테이스팅 해보며 마시기 좋은 시기에 손님들께 전달될 수 있도록 노력하고 있다. 또한 와인 생산자들과의 소통을 위해 페어에 참석하여 음식을 요리하거나, 다른 나라의 내추럴 와인을 다루는 가게에서 이벤트를 하거나, 그들을 마나로 초청해 이벤트를 하기도 한다.

마나의 요리도 와인과 조화로울 수 있는 메뉴 구성을 위해 늘 고심한다.
농장과 상의하여 계절에 따라 생산되는 재료들을 적극적으로 다루고,
그 재료를 돋보이게 하는 조리법을 선호한다. 또한 발효식품들을
적극적으로 사용하여 내가 좋아하는 와인의 본질과 유기적인 관계를 맺는
요리를 하고자 한다. 마나를 통해 손님들에게 보석 같은 와인들을 따르고
그에 어울리는 요리를 해드릴 수 있음에, 더하여 나와 같은 생명력 넘치는
와인을 좋아하는 사람들과 소통할 수 있음에 기쁨을 느낀다.

마나에서 사랑받는 와인들과 어울리는 요리 몇 가지를 소개한다.

전채요리
시금치 붉은곤약 포두부 들깨무침
어란모찌
상어심장 카르파초

사시미
감성돔
광어

만두
돼지고기 양배추·부추만두
새우 배추·미나리만두

물고기
금태 두부뼈 수프찜

고기
부농가라아게

식사
문어 샐러리볶음

후식
특별 곰돌이 모나카

레몬 스냅피
콜드 파스타

깍지와 콩을 통째로 즐길 수 있는 스냅피. 껍질을 베어 물면 아삭한 수분감과 기분 좋은 단맛이 전해지는 콩으로, 최근에는 한국에서도 재배하는 곳이 늘고 있다. 스냅피의 상큼한 식감과 짜릿한 레몬의 산도로 청량함이 가득 전해지는 파스타이다.

재료 (1인분)

스냅피 10개, 스파게티 면 80~100g, 계란 노른자 2개, 올리브오일 2큰술, 작은 사이즈 레몬 1개 분량의 레몬즙과 레몬 제스트, 소금 1/2작은술, 레지아노 치즈 15g, 후추

만드는 법

① 계란 노른자, 올리브오일, 레몬즙, 레몬 제스트, 소금, 그레이터로 간 레지아노 치즈를 모두 섞는다.
② 끓는 물에 소금을 넣고 스냅피를 가볍게 데친 뒤 찬물로 헹구어 식히고 적당한 크기로 썰어준다.
③ 스파게티 면을 1~1.1% 정도 염도의 소금물에 삶고 차가운 물로 씻어 물기를 제거한 뒤 그릇에 담아 스냅피와 소스를 더해 버무린다.

작은 팁

- 흑후추가 잘 어울리며, 맛있는 올리브오일이 중요하다.
- 산미가 높은 배합이므로, 레몬즙과 제스트는 취향껏 가감한다.
- 스냅피 대신 브로콜리나 완두콩, 아스파라거스도 잘 어울리고 혹은 채소 없이 이탈리안 파슬리를 더해서 심플한 레몬 파스타로 먹어도 맛있다. 이때는 소스의 양을 약간 줄여도 좋다.

죽순 카르파치오

하동에서 죽순이 도착하면 '자, 부디 어지르지 말고 잘 손질하고 잘 마무리하자' 다짐하고 착수한다.(착수라는 표현을 쓴 건 어쩐지 결의에 차 보이고 싶기 때문이다.) 곰솥도 오랜만에 꺼내고, 바닥에 신문지도 야무지게 펼치고 시작한다. 한켠에서는 죽순을 반으로 가르고 한켠에서는 죽순을 삶고 한켠에서는 죽순의 여러 부위를 원하는 형태로 썰어 갈무리.

1인 3역을 깔끔하고 활기차게 해낸 다음 종량제 봉투를 꼭꼭 채운 죽순 겉껍질을 보면 기분이 참 좋다. 그러고는 냉장고에서 델몬트 유리병에 들어 있던, 외할머니의 차가운 결명자차를 벌컥벌컥 들이켜고 싶다고 생각한다.

여러 모양으로 손질하다 갓 삶은 죽순의 부드러운 부분을 한 입 먹어보니 '아름답다'가 떠오르는 맛이어서, 그 맛을 입안에 잘 담고 온전히 집중해서 즐기고 싶어졌다. 삶은 죽순의 여리고 어여쁜 부분만을 살살 도려내 그릇에 담았다. 좋아하는 소금을 한 꼬집 뿌리고 좋아하는 올리브오일을 한 바퀴 둘러주니 아름다운 모습으로 완성되었다.

참 좋은 이 한 접시를 죽순 카르파치오라고 해야 할까? 죽순 숙회라고 해야 할까? 음, 분명히 카.르.파.치.오.라고 부르는 게 더 어울리는 것 같아.

한치 루콜라 샐러드

다진 홍고추와 파슬리, 질 좋은 올리브오일과 라임즙이 듬뿍 들어간 드레싱 속에 달고 부드러운 한치와 루콜라가 한데 어우러진 조화롭고 산뜻한 메뉴이다. 한치 대신 갑오징어나 흰 살 생선, 새우도 잘 어울린다.

재료 (1~2인분)
손질한 한치 1마리, 감자 1개, 루콜라 30g, 올리브오일, 소금
드레싱 : 마늘 1쪽, 홍고추 1개, 다진 파슬리 1큰술, 라임 1개 분량의 즙, 올리브오일 3큰술, 소금, 후추

만드는 법
① 마늘, 홍고추, 파슬리를 잘게 다지고 라임즙, 후추, 올리브오일을 넣어 잘 섞어준다. 홍고추는 씨를 제거하고 파슬리는 잎만 사용한다. 맛을 보고 모자란 간은 소금으로 한다.
② 끓는 물에 소금을 넣고 적당한 크기로 자른 감자를 삶는다.
③ 올리브오일을 두르고 한치를 구운 다음 한김 식혀 먹기 좋은 크기로 자른다.
④ 루콜라와 감자, 한치에 드레싱을 뿌려 완성한다.

작은 팁
- 감자를 병아리콩이나 숏파스타로 대체해도 좋다.

멸치 파이

가을, 나의 가게 마나에서 가장 사랑받는 메뉴는 단연 멸치 파이이다. 익숙한 멸치로 사랑스러움이 묻어나는 안주를 만드니 많은 분들이 정감을 느끼고 기뻐하시는 것 같다. 8월 장마가 끝난 다음 서해안 앞바다에서 어획 후 삶아 말린 멸치를 사용했는데, 말린 잔멸치라면 따뜻한 물에 불렸다가 물기를 제거하고 사용한다.

재료

파이지 : 버터 200g, 박력분 400g, 소금 2.5작은술, 설탕 3작은술, 계란 95g, 식초 2작은술, 물 3작은술
파이 속 : 멸치 100g, 모짜렐라 슈레드와 레지아노 슈레드 적당량을 혼합
그 외 : 계란물, 쪽파, 올리브오일

만드는 법

① 냉장고에 차갑게 보관한 버터를 큐브 모양으로 자른 다음 체를 친 박력분, 소금, 설탕을 넣고 스크래퍼로 버터를 다지면서 빠르게 섞어준다.
② 밀가루와 버터가 잘 섞이면 계란과 식초, 물을 섞은 혼합물을 추가해 날가루가 보이지 않을 때까지 잘 뭉쳐준다.
③ 파이지를 랩으로 감싸 냉장고에 넣어 1~2시간 두었다가 밀대로 펴서 원하는 모양을 만든다.
④ 파이 속 재료를 잘 섞어 파이지 안에 채우고 반죽 윗부분에 계란물을 발라준다.
⑤ 180도 오븐에서 25분 굽는데, 10분 정도 남았을 때 채 썬 쪽파를 가득 올리고 올리브오일을 두른 뒤 다시 오븐에 넣는다.

작은 팁

- 파이지 간은 소금과 설탕으로 취향에 따라 조절한다.

사보이 양배추로 감싼
대파 토마토 밥과 라구

닭고기 육수로 대파 토마토 솥밥을 수분감 있게 지어, 만들어둔 지 며칠 지나 더 맛있어진 라구와 섞어줬다. 올리브오일을 바른 팬에 사보이 깔고 토마토 라구밥 올리고, 다시 사보이 깔고 토마토 라구밥 올린 다음, 전체를 사보이로 감싸준 뒤 올리브오일 쪼로로 그리고 오븐으로… 모양도 예쁘고 맛도 너무 좋다. 약간 서양 쌈밥 같달까? 사보이 양배추와 쌀을 만난 라구의 담백해진 분위기가 좋다. 네 조각으로 잘라 한 조각은 본디 맛으로 즐기고 한 조각은 후추를 뿌리면 순삭하게 된다.

재료 (2인분)

쌀 200g, 닭 육수 200ml, 방울토마토 10개, 대파 1대, 라구 1컵

만드는 법

① 흐르는 물에 쌀을 씻고 채반에 받쳐 물기를 빼 20분 정도 불린다.
② 솥에 쌀과 닭 육수, 방울토마토, 어슷 썬 대파를 넣어 밥을 짓는다.
③ 사보이 양배추는 심지가 굵은 부분을 살짝 도려내고 데쳐준다.
④ 밥에 라구를 한 컵 섞는다.
⑤ 틀에 올리브오일을 두르고 사보이 양배추를 깔고 밥을 올린 뒤 윗면도 사보이 양배추로 덮는다.
⑥ 180도로 예열한 오븐에 5~7분 정도 익혀준다.

소고기 라구 만들기

재료

소고기 다짐육 600g, 셀러리 1대, 당근 1개, 양파 1개, 레드 와인 150ml, 홀토마토 통조림 1캔(혹은 무수분 토마토 소스), 닭 육수 1000ml, 로즈마리, 타임, 월계수 잎, 올리브오일, 소금, 후추

만드는 법

① 셀러리, 당근, 양파를 잘게 다진다.
② 냄비를 중강불로 가열해 올리브오일을 넣고 소금으로 밑간 한 소고기를 달달 볶는다. 기름이 많이 나오면 키친타월로 살짝 닦아준다.
③ ①도 넣어 함께 달달 볶는다.
④ 와인을 붓고 강불로 알코올을 날린 뒤 중불로 줄여 5분간 끓인다.
⑤ 홀토마토 통조림과 닭 육수, 로즈마리, 타임, 월계수 잎을 넣고 약불로 2시간 정도 끓여 완성한다. 소금과 후추로 간을 한다.

작은 팁

- 간장으로 살짝 간을 더하니 무척 감칠맛 좋게 완성된 적이 있어 그 이후로 간장을 넣기도 한다.
- 아스파라거스, 주키니 등 남은 짜투리 채소도 활용할 수 있다.
- 소고기와 돼지고기를 2:1 비율로 넣어도 좋다.

주키니
초콜릿 테린

마나의 디저트로 사랑받고 있는, 주키니를 가득 넣은 깊은 맛의 초콜릿 테린. 사각 모양 틀인 테린으로 만드는 쫀쫀한 식감의 디저트일 뿐 아니라 레드 와인 안주로도 손색이 없는 메뉴이다. 진하고 촉촉한 초콜릿 테린 속에 주키니가 듬뿍 들어갔다는 사실을 알게 되면 다들 깜짝 놀라며 좋아하곤 한다. 틀째로 식힌 뒤 냉장고에서 하루 숙성하면 더 녹진해진다.

재료 (3~4인분)
주키니 1/2개, 다크초콜릿 200g, 버터 200g, 설탕 200g, 계란 4개, 에스프레소 2샷, 아몬드 가루 50g, 박력분 50g, 소금 1작은 술

만드는 법
① 예열 중인 오븐에 1cm 크기로 깍둑 썬 버터와 다크초콜릿을 넣어서 녹인다.
② 주키니를 채 썰어 소금을 살짝 뿌려두었다가 10~15분 뒤에 물기를 꼭 짜준다.
③ 설탕과 계란, 에스프레소를 핸드 블렌더로 잘 섞는다.
④ 절인 주키니와 아몬드 가루, 박력분, 소금에 ①과 ③을 넣고 섞는다.
⑤ 테린 틀에 넣어 180도로 예열한 오븐에 40분 굽는다.

작은 팁
- 테린 틀이 없다면 일반 원형 케이크 틀이나 파운드 케이크 틀도 상관없다.
- 먹을 만큼 꺼내서 코코아 가루를 듬뿍 뿌리고 피스타치오와 무화과 오일을 곁들이는데, 바닐라 아이스크림과 함께 내도 맛있다.
- 얇게 썬 테린을 휘핑한 생크림과 겹겹이 쌓은 뒤 생크림으로 옆면과 윗면을 마무리하고 좋아하는 과일이나 견과류를 올리면 투박해서 더 귀여운 미니 초코 케이크를 만들 수 있다.

집에서 내가 해 먹는 식사만큼은
좋아하는 것 안에서 자유로운 방식으로
건강한 기쁨과 감탄하는 순간들을
마음껏 느낄 수 있으면 좋겠습니다.

이윤경 요리
생각 한 알, 계절 한 스푼, 요리 한 그릇

1판 1쇄 발행　2024년 8월 27일
1판 3쇄 발행　2025년 5월 15일

글·사진　이윤경

펴낸이　정유선
편집　손미선 정유선
디자인　송윤형
마케팅　정유선
제작　제이오

펴낸곳　유선사
등록　제2022-000031호

ISBN　979-11-986568-6-5 (13590)

문의　yuseonsa_01@naver.com
　　　　instagram.com/yuseon_sa

• 이 책은 저작권법에 의해 보호받는 저작물이므로 무단 전재와 무단 복제를 금지하며
　이 책의 전부 또는 일부를 사용하려면 반드시 저작권자와 유선사의 서면 동의를 받아야 합니다.
• 책값은 뒤표지에 있습니다.
• 인쇄, 제작 및 유통상의 파본 도서는 구입하신 서점에서 교환해드립니다.